老子

爲你排難解憂

王小滕 著

謹以本書獻予

先慈 滕紹瑾 女士

〈專文推薦〉

生命中的老子智慧

鄭孝勇

我畢業自陽明大學醫學系，大學在校時，曾選修王小滕老師開設的通識課程。二〇一七年八月，甫由高雄醫學大學附設醫院轉任高雄市桃源區衛生所醫師，為偏遠山區的原住民朋友們提供醫療服務。

人生無常，但卻是急診室和加護病房的日常。生離死別、生老病死的故事，每天都在醫院上演，不僅衝擊著面臨考驗的病人與家屬，被賦予救人責任的醫護人員，在無形中也承受極其龐大的壓力。面對新生兒誕生的喜悅記憶猶新，曾幾何時，我們在生命逝去之前，卻只能保持沉默。

在我行醫的過程中，曾經遇到一個深刻難忘的例子：

李先生（化名）是一位勤奮工作的勞工，也是家裡唯一的經濟支柱。由於工地的習慣使然，李先生多年來菸、酒、檳榔從沒斷過，在某次的篩檢中被診斷出口腔癌第三期。然而，他之後並沒有定期回診，也不接受醫師的建議做後續癌症的治療，並選擇對家人隱瞞病情。李先生認為，一旦他要接受開刀、化療與電療，便無法繼續工作；失去工作後，家人的生活開銷將要由誰來支付呢？可惜李先生病情快速惡化，當我們再次看到他時，他已是癌症末期且併發多重器官衰竭、昏迷。在醫生眼中看來，他不是一位聽話的好病人；但他的堅持代表著對家庭無私的奉獻，不願因自己生病而拖累整個家，最終他在家人心中留下不可抹滅的堅毅形象。

進出醫院的人們，或喜或悲；身為醫療工作者，我們不時遇到類似李先生的故事，不捨的情緒久久難以釋懷，卻也在夜深人靜的育嬰房裡，沉浸在生命初來乍到的欣喜。醫院進出的日子一久，人們常常仰望窗外的星空，欽羨宇宙的亙久永恆，而感嘆生命之須臾。然而，宇宙間瑰麗的星系真的是恆久不變？人的一生真的是蜉蝣一瞬？人的生命當中，「生」與「死」這兩件大事是起點抑或是終點？為何這兩件大事會伴隨著截然不同的情緒呢？

醫院的工作，令我目睹人人的存活都是從沒有呼吸、心跳，變化而為有呼吸、心跳；但是，有呼吸、心跳的存活狀態，並非恆常不變，而將再次變化為沒有呼吸、心跳。我想起了王小滕老師在我剛進陽明醫學院時傳授給我們的觀念：在這世間，有生就有死，有來就有去，「生與死」一體不可分，如同「有與無」是無法切割的一體兩面：這正是生命的真實。正因為我們不可能阻擋、消滅死亡，所以更應該追隨老子指出的「整體」智慧，心平氣和地接受與「生」同存並在的「死」，以此來自我安頓，也協助他人平穩地通過死亡。

王小滕老師這本書所彙整出來的老子智慧，或許可以給醫療團隊一些省思，透過觀察生命的全貌之後，進而了解如何在醫學的抉擇上圓滿病人和家屬的心願。更特別的一點是，王老師擅長以日常生活的事物為證，將流傳千年的智慧以平易近人的舉例呈現出來。因此，讀懂老子，並不是要成為孤芳自賞的文人雅士，而是在柴米油鹽的每分每刻，也能藉由老子的智慧，清晰地省思我們當下的五官感受與情緒起伏，最終因覺察事物的全貌，而怡然自適。

我在陽明醫學院求學階段，受到小滕老師啟發許多，尤其是自幼照顧我長大的祖母往生之際，老師的提醒和鼓勵讓我走出幽谷，也從中開悟昇華出面對生死的寶藏。期盼這本書可以幫助更多社會有緣大眾開啟智慧，安頓身心！

（本文作者為高雄市桃源區衛生所醫師）

〈專文推薦〉

解讀奇書，尋求最終解答

冀劍制

記得在美國唸書的某一天，一位同學邀我參加他們的「中國哲學」讀書會。雖然我專攻現代英美哲學，跟中國哲學幾乎沒什麼關連，但其實我平時很喜歡中國哲學，所以就當作興趣，很開心地加入了。當天的主題是《論語》。他們大約五、六個人的手上，至少有三種不同的英文譯本，我們一章一章地往下讀，以及討論其意涵，有時譯本之間意思不太一樣，我們比較著不同的解讀，並討論哪一種解讀最好。整個進程順利、有趣。

然而，談到某個章節，當其中一人唸完內容時，拿著另一個譯本的同學開始向前翻，我們都覺得很奇怪，「妳對這章沒興趣嗎？」她搖搖頭。因為她看到的是完全不同的內容，以為章節編排不同，所以往前找找看，但也沒找到類似的，於是她把該章節的內容唸出來，我們也覺得是在談不同的事情。這時，第三個譯本的同學也說，他那個譯本在談的，跟前兩個譯本也完全不一樣。也就是說，三個譯文似乎在講完全不同的事情，怎麼會這樣呢？

遇到這種情況，大家不知該怎麼辦才好，而我也很好奇原文到底是什麼。因此，我只好從袋子裡拿出預備的「四書讀本」，這本書是我在國中時期買的，非常破舊，還在內文旁用很醜的字寫了一些心得，甚至畫了很多條不整齊的線。本來是不好意思拿出來的，只是因為我沒有英文譯本，只好帶著「原文本」以防萬一，但這個萬一就真的出現了。

當這本（令人感到羞愧的）書在桌上翻開，我看見他們眼中流露出崇拜的眼神，望向那密密麻麻、結構複雜的中文字，其中一位女同學嘆了口氣說：「真希望我有一天可以看懂上面的文字。」這句話喚醒我十多年來學習英文的痛苦回憶，突然覺得痛苦都是值得的。

雖然已經被那些羨慕的眼神餵飽了，但我還是不客氣地補了幾句：「只看懂中文字是不夠的，因為看懂中文字不見得能讀懂古文，還得要學習如何讀古文才行。」他們點點頭，似乎覺得那是一段遙不可及的路程。希望我沒有因此破壞他們學習中文的興致。

於是，唯一可以讀原文的我變成了最後的希望，看了原文之後，我恍然大悟，因為一個中文字，不一定能找到一個正好相對應的英文字（反過來也是一樣），有三種意思不同的英文字可以用來解釋那個中文字的不同含意，所以在套用不同意義時，就形成三種完全不同的翻譯了。我要他們試著把三種不同的意義結合起來，在不同脈絡下運用而形成同一個想法，大家想了一想，都覺得很有意思，的確可以使用超越三種譯本的角度來思考問題，感覺增長智慧了。這個經歷也讓我自己獲益良多，原來文本還可以這樣解讀。的確，我們常常有很多不同的方式解讀一個哲學思想，但問題也在於，究竟怎樣的解讀最好呢？

這讓我聯想到金庸小說《俠客行》中的一段故事。俠客島的洞穴裡，以艱難的文字，刻著武功祕笈，不同的人見了往往有不同的理解，但了不起的是都能理解到有價值的武術，研究愈深，收穫愈多。這真是武學上的一大奇書。

在中國哲學上，最大的奇書，大概要算《老子》了。不同的學者往往有不同的解讀，不同的解讀一樣造就出深刻的智慧。雖然我們很難判斷究竟誰的解讀才是最正確的，但其實這個問題也沒這麼重要，重要的是，我們能在這些解讀中看見什麼？如果可以讓我們獲得更多，是否符合作者原意的問題就沒這麼重要了。這也是一直以來，我讀哲學的態度。

在王老師這本對老子的詮釋中，我看見許多相當有趣的觀點。例如，老子說：「無名天地之始，有名萬物之母。」在這段文獻中，我們通常會理解成一種從無到有的萬物創生過程，然後思考這個世界如何無中生有。可是「無中生有」實在是一個很難想像的事情。

但王老師並不這樣解讀，他主張，「無」和「有」是同一個東西，也就是說，「始」和「母」也是同一樣東西，從這個角度來理解全文，並沒有任何違和之處，而且讓我們的想像空間更加延伸了，整個世界，是從一種同時是無也同時是有的狀態開始的，這實在是一個很有趣的想法，也讓我們在思考萬物起源的想像上，多了一種可能性。

然而，俠客島洞穴內所記載的武術，是有最終解答的。而且這個最終解答真的記錄了一項驚天動地、無可匹敵的武學。最後讀懂它的，卻是一個完全看不懂文字的文盲，在無心插柳的情況下，盡數獲得真傳。

《老子》是不是也是這樣的一本奇書呢？是否在某個時刻，有人可以在不知不覺中，承接兩千多年前老子智慧的真傳？而王老師這本書，是解讀這本奇書的過程、還是終點呢？

無論是過程還是終點，總要有個開頭。而且需要有個能夠把義理講清楚的開始。這本書的確文字淺白，是一個好的開始，也是一個好的過程，能夠協助我們從中獲取許多智慧。至於是不是最終的呈現，這就不是我的能力可以評斷的了。這個問題就留給讀者們，以及這個領域的學者專家來思索與探究了。

（本文作者為華梵大學哲學系教授）

〈超譯〉老子胡說

厭世哲學家

以下之語譯及闡釋，皆根據王弼的《老子注》，讀者若欲檢視原文，可自行檢索《王弼集校釋》（華正書局）或《老子四種》（大安出版社／台大出版中心）。

三十六章

將欲歙之，必固張之；將欲弱之，必固強之；將欲廢之，必固興之；將欲奪之，必固與之。是謂「微明」。柔弱勝剛強。魚不可脫於淵，國之利器不可以示人。

想要讓他閉嘴，就要先讓他張嘴；

想要削弱他的實力，就要先增強他的實力；

想要廢掉他的能力，就要先提升他的能力；
想要奪走他的權力，就要先給他權力。
這就是所謂的「微明」（能體察幽微朕兆的智慧）。
也是「柔弱勝剛強」的道理。
魚不可以跳出湖水，否則它會被抓走；
國君也不可以明目張膽地使用刑罰，否則它會被有心人士操弄。

《老子》有些篇章讓人讀起來很不舒服，這就是其中一章，似乎充滿了陰謀論的色彩。尤其是「將欲奪之，必固與之」一句，你要先給對方權力，然後再將這份權力從他的身邊奪走，讓對方感到加倍的痛苦，這種做法實在太殘忍了。

你要這樣讀也可以，但這其實是很斷章取義的解讀方法。只要看到最後兩句，「魚不可脫於淵，國之利器不可以示人」，我們就知道《老子》其實是要闡述「治國」的方法，不是什麼陰謀論。

《老子》這邊要說的是，一個有智慧的領導人，他不會用「刑罰」（強迫規定）的方式來管理他的組織，而是懂得善用「物極必反」的道理，讓人自行改正。舉個例子來說，我的爸爸在家裡非常喜歡碎碎唸，我真的很想讓他閉嘴，但我又沒辦法強迫他，所以只好讓他一次唸個夠，唸到他嗓門啞了，這樣他就會自動把嘴給閉上了，（或者我幫他報名社區演講比賽，讓他在外面講個夠，講到吐，講到累死，回家他就不想再講話了。）這就是「將欲歙之，必固張之」的意思。

同樣的，如果你想讓你的孩子停止打電動，最好的方法絕對不是禁止他，這樣他只會更想玩；你就乾脆讓他打電動打到掛，打到吐，打到他筋疲力盡痛苦不堪為止，從此之後他就不會想要再碰遊戲機了。

對於有權力欲的人也是一樣，一旦他掌握了過多的權力，只要偶一失足，可能就全盤皆輸；假如一輩子都要小心翼翼，背負著龐大的責任與壓力，又要害怕失去自己的權勢，害怕被奪權者暗殺，這樣的人生還有什麼樂趣啊！就算是金錢也是一樣，原本金錢可以帶給你自由和快樂，但如果金錢愈來愈多，多到你無法掌控的地步，你反而會變成金錢的奴隸，被錢的周轉給壓垮——你看看那些一夕破產的人，哪一個原本不是家財萬貫的？

所有的事情都是這樣，在沒有的時候你會很想要，一旦多了之後就會變成負擔，那時候你就想逃了，這就是物極必反，也是《老子》所指示的「自然之道」。只要能體察到這個道理，就能得到「微明」（幽微的智慧）。《老子》認為，只要國君能恰當運用自然之道，就能達到「無為而治」的理想，不需要使用任何刑法，天下就能大治了。

（本文作者為知識類網紅）

目次

自序

大學自法律系畢業後，我從事法律工作八年餘。由於機緣偶然，受贈《莊子》之書。展書研讀，立即感受到無以名之的強烈吸引力。因此，遂於日後眾緣和合之際，辭去法律工作。一九九三年進入中文研究所，跟隨莊子讀書。二〇〇四年博士班畢業，擔任教職。二〇一二年，在一次與同學們的聚會中，聽說了一則故事。

諾貝爾獎得主，物理學家愛因斯坦，過世後，故居的書房開放參觀。參觀者發現書架上有德文翻譯本的《老子》，書中並有愛因斯坦的眉批：「這真是一本極其有智慧的書，只可惜許多敘述我讀不懂。」[1]

1 上述眉批，經邱剛彥老師、高大正同學協助，向美國普林斯頓大學「高等研究院」以及以色列耶路撒冷希伯來大學「愛因斯坦檔案館」查詢，雖未獲得證實；但是「愛因斯坦檔案館」提供一封愛因斯坦寫予友人的信件，在信件中，愛因斯坦指出欲了解老子的義理，具有相當的困難。所以，關於眉批，可將之視為一則故事；不過，老子的義理，對愛因斯坦而言，確實有其困難，則是可以肯定的。

聽聞這則故事，我隨即回答：「請愛因斯坦先生來，我為他說明，使他了解老子義理。不過，請他先學好中文，因為我無法使用其它語言來說明老子」。也就是這一則故事，引發我動筆寫作本書。

猜想，愛因斯坦之所以未能完全明瞭老子的敘述，一則是因為翻譯不免使得原意有所流失，二則是因為老子的敘述總是不同於我們慣常倚賴的常識。然而，並不是老子故意與常識作對，而是常識強調特定面相，以致疏漏了其它面相，也就未能察見完整的全貌。幸好老子是天下第一好心人，總是和盤托出常識未留意的面相，提醒世人必須觀察完整的全貌，然後做出恰當的決定，那麼言行舉止也就不至於失之偏頗。例如：我們以常識為生活基準，對於所愛的對象總是竭力抓執，以為如此便可永遠不變地將對方握在手中，不虞失去。然而《老子．二十九章》「執者失之」，向讀者揭示天地萬物、森羅萬象，無一不變，沒有任何狀態恆常不變；而且「抓執與不抓執」是一體的兩面，我們愈是抓執所愛，愈是給對方強大的壓迫感，使對方難以承擔，勢必促使對方更快地遠離，因此抓執也就變化為無法抓執。反之，如果察見完整全貌，了解「執與不執」是不可切割的一體之兩面，因此並不刻意抓執所愛，自然不令對方感受到難以承擔的壓力，所以對方也就不至於遠離，這就是「無執故無失」（《老子．六十四章》）。

老子不但破除我們執著所愛的迷思，也破除情緒波動比不上絕無波動的迷思。《老子．十五章》「古之善為士者，……混兮其若濁，孰能濁以靜之徐清？孰能安以久動之徐生？」老子描述悟道者的生命狀態，有時如同混濁之水，並不清澈安寧。這是因為悟道者也是有血有肉之人，在生活中受到周身事務或大或小的激盪，自然不免有激動混亂之時，但他可逐漸安靜下來，遂由混濁而漸漸清澈。亦即悟道者與我們相同，也有情緒的起伏，正如同人人的心電圖都不是直線進行，而是有起有落、有高有低；唯有不再呼吸、不再有心跳者的心電圖才是直線進行，絕無波動。而且「濁以靜之徐清」的敘述，指出悟道者並非瞬間便由「濁」至「清」，他仍然與我們相同，也需要時間逐漸調整生命狀態。由此即可明瞭，我們的情緒有所起伏，而且需要一段時間才可逐漸平復，這是正常而非愚昧。至於情緒絕無波動則是不切實際的幻想，我們不應追求此一幻想，更不宜將之視為人生的崇高理想。所以，當我們的情緒有所波動時，不必自認為比不上絕無波動，而是在有所起伏之際，及時自覺，適當調整，逐漸回復平穩，即為理想的生命狀態。

老子義理破除常識中的眾多迷思，並不僅僅以上兩項而已；但是僅觀破除以上兩項迷思，便知老子與當代人們的生命非但不曾脫節，而且是現實人生中自我安頓的最佳指引。立身天地之間，人人皆須自我安頓，此項工作與呼吸同等必要，分秒不可或缺。只不過我們長期被常識所籠罩，觀察與思考都呆滯在固定隅落，生活中常感困厄與苦惱，也不知自我安頓應由何處著手。然而，現在你只要閱讀本書，與我一同跟隨老子，便可脫離常識的窠臼，不停滯任一隅落，觀察完整的全貌，與變同步，靈活應事。以此即可逐步達成自我安頓，將生命中的各個面向都處理得平穩妥當，那麼不論身處治世或亂世，都有「空城舞罷腰支在」（唐．李商隱〈燕臺．冬〉）的自信，這也才是人生最最千金不換的立足之地。

例如：遭遇不幸的人生機緣，憂傷悲懷之時，我們總是自怨自歎，似乎只能消極地接受此一不幸。然而，跟隨老子，觀察完整的全貌，則知「接受」並非消極、被動。因為「接受」即表示生命的內在具有「承擔」的力量，可以主動並且積極地將眼前的不幸擔當下來，我們的肩膀沒有被壓垮，我們仍然挺立人間。也就是「消極、被動、接受」只是表象，只須向生命的內在，再走一步即可發現「主動、積極、承擔」的生命力，看見「接受與承擔」一體不可分的完整全貌。以此，豈可能再以流淚歎氣面對不幸？無疑地，我們將尊敬生命具有如此堅實的內在能量，因此而油然升起對於自我的肯定，以全新的眼光，心平氣和地檢視此一不幸，堅定而且無所憂疑地將之一肩擔起，然後繼續穩健行走人生的前程。那麼，爾後身旁友人若因事件糾葛，情緒鬱結，我們將不再只是勸說「勿鑽牛角尖，看開一些」，而是協助他觀察明暗並存、悲喜同在的完整全貌，不僅僅呆滯在眼前局部的一隅，如此自然也就「看開」了。接著，則可進一步依循大道不執著的流動特質，恰如其分地處理事件，化解糾葛，心靈不再受到拘泥，生命豁然開朗。因此，堪稱與老子同步，樹立泰然自在的智慧人生。

《老子・七十章》「被褐懷玉」，也就是老子自言穿著粗布衣裳，但卻懷抱著美玉一般的生命智慧，由於不炫耀，故不引人注意；恰若十九世紀英國小說家珍・奧斯汀《傲慢與偏見》，記載男主角「優點全都藏在裡面」。老子不裝神弄鬼，不故作虛玄，總是向讀者揭示「真實」，他是如假包換真正的大師。如果你希望人生不是茫然困惑而是清澈、透明、純粹、沒有雜質，如果你希望時常感受到生命清新可喜的美感，那麼跟隨老子，將是達成上述希望的不二法門。

然而，我之所以可能寫出本書，向讀者介紹老子義理，則是因為二〇〇八年母親辭世。死亡的強大撞擊，一方面使我悲慟逾恆，另一方面卻也使得多年在莊子門外徘徊的我，被推進了莊子門內。近年來，逐漸抽繹莊子埋藏在字裡行間的意涵，再讀老子亦覺豁然貫通。以此，方知存活固然是一座寶庫，入寶山不可空手而返；但是，死亡也是一座寶庫，我們豈可入寶山空手而返？而且「生與死」一體不可分，本就是同一座寶山呀！

謹以本書感謝母親不惜捨去肉身，以死亡的強大力道，激盪我得以跟隨老子、莊子二位前輩的引領，了解「真實」，並因此而安身立命，不疑不惑。

本書蒙張家祥博士、官芸菡同學之卓絕指正，並蒙廖淑惠教授、鄭孝勇醫師玉成付梓出版，謹此誌之，並申謝忱。

王小滕

二〇一七年七月十七日

前言

一、老子其人其書

漢代司馬遷（約公元前一四五—八六年）所著《史記．老莊申韓列傳》，向來是學術界藉以了解老子生平的主要依據文獻，本書亦以之為基準，在此綜合整理如後：

老子，姓李，名耳，字聃。東周的春秋時期（公元前七二二—四八一年），楚國苦縣（今河南省鹿邑縣東）厲鄉曲仁里人。由於孔子（公元前五五一—四七九年）曾向老子問禮，故可推知老子應較孔子年長，但是無從確知其生卒年，有學者推測約為公元前五八〇—五〇〇年。

老子在當時定都雒邑（今河南省洛陽市）的周天子朝廷中，擔任「守藏室之史」，此一職位相當現今國家圖書館館長。任職甚久，眼見周王朝日益衰微，因而離去。將出關（學者通常認為是函谷關）時，守關的官員要求他著書，他因此寫下一書，分為上下篇，約五千多字。著作完成，老子便離去。此後，再也無人知曉他的行蹤。

《老子》又稱《道德經》，這是因為老子著作的上下篇，上篇始於「道可道，非常道」，下篇則始於「上德不德，是以有德」，因此人們取上篇的「道」字，稱上篇為〈道經〉；另取下篇的「德」字，稱下篇為〈德經〉，並且合稱為《道德經》。古本《老子》是否分章，無法確知，現今通行的魏．王弼（公元二二六－二四九年）注本暨河上公（無從確知其時代，學者通常認為其人的年代較王弼晚）注本，都分為八十一章。

一九七三年，湖南省長沙市馬王堆的「漢墓」出土許多帛書，其中包括《老子》的帛書甲本與乙本。這兩種版本互有異同，也都各有殘損，都是〈德經〉在前，〈道經〉在後，而且也都沒有分章。另外，甲本無避諱，乙本避「邦」字諱，說明兩本抄寫時代不同。甲本抄寫在劉邦稱帝（公元前二〇六年）之前，乙本抄寫在劉邦稱帝之後。

一九九三年湖北省荊門市郭店村「戰國楚墓」出土許多竹簡，其中有三種《老子》的摘抄本，分為甲、乙、丙三組。摘抄本的字數只有通行本的三分之一，其中丙組的文句與帛書本、通行本較為接近。另外，專家認為甲組較為接近《老子》祖本，它的抄寫時代距離老子逝世「可能」只有一百多年。

雖然現今有上述之新出土資料，但是研讀老子全書仍以通行本為宜。由於學術界一致公認通行的王弼注本優於河上公注本，因此本書即依王弼注本進行說明。

二、本書簡介

本書介紹老子，首先是以「前言」，介紹「老子其人其書」以及本書的大概內容。

接著是依序介紹老子八十一章正文。每章介紹的方式，都是先在章名之下，嘗試提出老子之所以書寫此章的緣由，也就是老子察見了什麼問題，或欲解決什麼問題；其次，列出此章原文中的第一段敘述；其次，針對這段敘述，若有字義須加以解釋，則解說之；其次，說明這段敘述的文字字面之意；其次，詮釋這段敘述涵藏的義理。爾後，再列出此章原文中的第二段敘述，再依序說明字義、這段敘述的字面之意、義理。依此類推。

關於《老子》書中的思想，有學者認為其中包括「宇宙論、人生哲學、政治思想」等範疇。不過，或許也可了解為：書中論及萬物之生成、人生之修養、政治理想的敘述，都是老子藉之以說明「道」的記載。換言之，「道」是全書的主旨，由於「道」不遠人，它無所不在，處處皆在，是人們生命的真實，也是人們存活之環境的真實，所以老子藉由生活中的任一面向，隨時舉例，以向讀者揭示「真實」，也就是揭示「道」。

本書詮釋老子義理，並不僅只停留在文字之字面，因此與學者們通常依從文字之字意所進行的解釋，不盡相同。然而本書並未標新立異，而是跟隨「道」不執著的流動本質以及渾全不割裂的整體性質，說明老子埋藏在字裡行間的洞見與智慧。試想老子開宗明義，書首即言「道可道，非常道；名可名，非常名」揭示語言文字僅僅指向「意」，並不等於「意」。亦即「言」與「意」不能劃上等號，也就是《莊子．外物》：「言者所以在意，得意而忘言」。因此，本書不僅只停留在文字字面，而是跟隨「道」的性質進行說明，是否悖離抑或相應於老子，即留予讀者思考。

本書以淺白文字進行說明，深信有助於讀者突破常識的片面知見，了解老子記錄的「真實」，進而明瞭老子不是一般大眾所誤會的消極遁世、權謀陰險、苛薄殘忍、反知識、反文明，而是時時和盤托出，指出「真實」。

觀諸天地四時，是否能追尋出「常道」？人類畢其心智，化萬物於言語，然而「言」與「意」可否劃上等號？如何以「言」說明「道」之「意」？

道可道，非常道。

「可道」的「道」，是以語言文字進行說明。「常」：恆常不變。可以使用語言文字敘述說明的「道」，不是恆常不變的「常道」。

其中至少有兩項內涵：（一）語言文字不等於「真實」，例如我們發出「火」的讀音，或在紙張寫下「火」的文字符號，但是並沒有「真實」的「火」，由我們的口中或由紙張中冒了出來。故知語言文字不等於「真實」，語言文字僅僅指向「真實」。但是，人類雖然創設語言文字以指向「真實」，然而「真實」從未停止改變，至於語言文字卻只是一項固定、而且並不隨著「真實」同步改變的媒介而已。例如「粉紅玫瑰」的敘述，雖使人們了解這朵玫瑰花的色澤，但是「真實」的粉紅玫瑰，並非永遠停駐在此色澤，它必將變化為凋萎枯敗，不再具有此一色澤。故知從未停止改變的「真實」，與語言文字並不密合；也就是語言文字不等於「真實」。所以讀者一旦見聞語言文字，必須自行由語言文字跳躍至「真實」。因此如果只是停留在語言文字的「道」，那麼將無法了解老子所揭示之「真實」的「道」，讀者必須由語言文字之「道」，跳躍至「真實」的「道」。

（二）「常」是不變。天地之中，一切皆不斷地改變，然而「變」卻是不曾改變的恆常法則。所以老子揭示的「道」，即是因為始終不斷地改變，因此是恆常不變的「常道」。也就因為「常道」不斷地改變，無從以語言文字進行表述。故言「道可道，非常道。」

名可名，非常名。

「可名」的「名」，是以語言文字進行指稱。「常」：恆常不變。

可以使用語言文字指稱的「名稱」，不是恆常不變的「常名」。

此之內涵與前二句「道可道，非常道」相近：（一）老子將所欲表述之「真實」，以語言文字取了「道」的名稱，但是此一「名稱」，不等於「真實」，讀者必須由語言文字的「名稱」跳躍至「真實」。（二）恆常不變的「常道」，不斷地改變，所以它的「名」也就隨著它的不斷改變而改變。舉例來說，露珠聚積在地面，我們稱之為「水」；相同的物質一旦進入大氣的循環，我們稱之為「雲」；當它們凍結凝聚，我們又稱之為「冰」。由此可見，即使是相同的物質，在不同的狀態下便擁有相異的名稱。亦即它恆常不變的「常名」，乃不斷地改變，因此無從以日常的語言文字來概述。故言「名可名，非常名。」

雖然語言文字不等於「真實」，僅僅指向「真實」，有其侷限性，但是老子仍然使用語言文字做為媒介表述「道」。以下即是舉「有」、「無」為例，以說明「道」。

無名天地之始，有名萬物之母。

以「無」稱呼天地的開始，以「有」稱呼萬物的母親。

在此不宜因為由語言文字觀之，「始」與「母」的名稱不同，便誤以為「始」與「母」有所不同，只須參看五十二章「天下有始，以為天下母。」便知「始」即是「母」，「始」

與「母」是「一」而不是「二」。「始」與「母」均為根源之意。

再看萬物都存在於天地中，也都不可能離開天地，存在於天地之外；亦即「萬物」存於「天地」，「天地」中有「萬物」。雖然由常理觀之，萬物被涵蓋於天地之中以仰賴天地而生，因此「天地」與「萬物」之間似乎存有階級、次序性的關係。然而，由自然觀之，哪一處的地形地貌不因萬物之活動而有所更易？哪一處的天地不因萬物之存在而隨時空演替不已？疾風撼動蒼茫的沙洲，溪澗切穿深邃的溪谷，森林更隨著四季將天地換成不同的色彩；故知「天地」與「萬物」誠然為無從切割的整體。換言之，「天地」兼涵「萬物」，「萬物」蓄養「天地」；不可因語言文字不同，便誤以為二者可以切割、各自獨立。由此則可明瞭：不宜因為表述「天地之始」與「萬物之母」的語言文字不同，便誤以為二者的意涵不同，實則「天地之始」即是「萬物之母」，兩者同存相依。

另外，常識認為「有」、「無」不並存，但是老子提出與常識不同的觀察，十一章「三十輻共一轂，當其無，有車之用。埏埴以為器，當其無，有器之用。鑿戶牖以為室，當其無，有室之用。故有之以為利，無之以為用。」車輪的三十根木條（車輻），共同聚集於車輪的軸心（車轂），正因為車轂中央的空「無」，與車輻木條的「有」，相互配合，所以車輪可以平穩滾動，提供給我們車輛的作用。揉和陶土做成器皿，器皿中央的空「無」，與器皿的陶土部分的「有」，相互配合，所以使我們的器皿具有盛物的功能。開鑿門窗建造成房屋，由於室內的空「無」，與房屋牆壁的「有」，相互配合，所以造就我們的房屋居住的功用。由以上三項生活中的例證，可知「有」之所以給予我們便利，乃因「有」與「無」相互配合，方才可能完美發揮作用；而且由車輛、器皿、房屋三項例證，可明瞭「有無」是無從切割的整體，也就是「有無」混融為「一」而不是「二」，其作用方才完整無所缺欠。

「有無」混融為「一」的情況隨處可見，不僅僅是以上三項例證而已，例如人類的血肉之軀是「實有」，然而我們張開嘴，口腔內部卻是「空無」，正因為口腔是「空無」，所以食物可由此進入體內，供給人體存活所需營養與能量。此例再次說明「有無」不可分離的必然性，「有無」並非楚河漢界之不相往來。「有無」是無從切割的整體，不因為語言文字給予不同之「名」便可切割為「二」。它們互通有無，是混融之「一」而不是「二」。

以此則可進一步了解：「無」既是「天地之始」，也是「萬物之母」；「有」既是「萬物之母」，也是「天地之始」。綜合言之，「有無」混融，即為「天地萬物」之根源，「天地萬物」出自「有無」混融之整體。

常無，欲以觀其妙；常有，欲以觀其徼。

恆常立於「無」，希望觀察萬有之「妙」；「妙」指開端、初始、本體、本質。也恆常立於「有」，希望觀察萬有之「徼」；「徼」指終點、最遠的邊際、作用、現象。總是觀察「無」，但也改變觀察基點，總是觀察「有」。由於「有無」互通，它們是混融之「一」；所以由「無」觀之，即是以「有」觀之；以「有」觀之，即是以「無」觀之。

至於「徼」——「終點、最遠的邊際、作用、現象」，必可追溯至「開端、初始、本體、本質」，也就是由「徼」必可追溯至「妙」；至於「妙」——「開端、初始、本體、本質」，必然同時存在於「終點、最遠的邊際、作用、現象」之中，也就是「妙」必然表現於「徼」之中，正如信手劃一條直線，不論直線有多長，有開端則必然出現終端，兩者自然而然地相應而生。所以「開端與終點」、「初始與最遠的邊際」、「本體與作用」、「本質與現象」，也是無從切割的整體。因此而明瞭「妙與徼」是無從切割的整體，並不因為語言文字給予不同之「名」便可切割為「二」；它們是混融之「一」而不是「二」。「妙」中有「徼」，「徼」中有「妙」。所以「常無」不僅可觀「妙」，也可觀「徼」；「常有」不僅可觀「徼」，也可觀「妙」。綜言之，立於「有無」混融之整體，則可「妙」與「徼」併觀。

此兩者同出而異名。

「此兩者」指「有」與「無」。

本句可由兩個面向來了解：（一）通常學者均認為「有」與「無」同出，也就是一同出自「有無」混融的整體，不過它們各自呈顯不同的樣貌，因此人們給予不同的命「名」，所以是「此兩者同出，而異名。」（二）「此兩者同，出而異名。」也就是「有」與「無」相同，因為「有無」是無從切割的混融整體，所以「有」同於「無」；不過它們雖然是「同」，但由混融的整體出來之後，因為各自顯現不同的樣貌，因此人們給予不同的「名」，所以是「此兩者同，出而異名。」

同謂之玄。

「玄」：深遠。

本句也可由兩個面向來了解：（一）「有」與「無」都可稱為「玄」。因此不僅「無」是「玄」，「有」也是「玄」，也就是「有無」混融的整體可稱為「玄」。（二）「有」與「無」彼此「相同」的這個狀態，可稱為「玄」。也就是「有無」混融的整體可稱為「玄」。以此不僅「無」是「玄」，「有」也是「玄」。

有鑑於人類的視覺對深遠之處，無從進行辨識，故知老子以「玄」表述道，揭示我們無從藉由感官對「道」進行認知。

玄之又玄，眾妙之門。

「妙」指奧妙精微、起始、萬有。

就在這「有與無」混融的「玄」的狀態，「有無」相互激盪，一切的奧妙精微、起始、萬有，都由此產生，都由此門中走出。

在此，讀者或許應該思考：藉著老子所舉「有」、「無」之例，是否了解流動不已，變化無常，無從以語言文字賦予固定名稱的「常道」。

二章

大眾認為互斥的兩端，是否果真不並存？聖人之「無為」究竟為何？「無為」是否排斥「為」而不並存？

天下皆知美之為美，斯惡已；皆知善之為善，斯不善已。

「斯」：這。「惡」：醜。「已」：語氣詞，不具特殊意涵。

學者們通常認為其意涵為：天下人都知道怎樣算是美時，醜就隨即出現。都知道怎樣算是善時，不善就隨即出現。

不過，若將注意力聚集在「斯」，則可了解為：天下人皆知怎樣是「美」時，這就是「醜」。皆知怎樣是「善」時，這就是「不善」。這顯然與常識的看法不同，那麼，試問：老子為何如此記載？

環顧萬物萬象都以與生俱有的自然天性，存在於天地之間，本無美醜之可言。只不過人們以本能是否樂意接近為標準，認為樂意接近者是「美」；反之，則是「惡」（醜）。亦即人們界定「此」為「美」，則在「此」之外者，立即被判定為「惡」（醜）。換言之，若不標舉「美」，則無美醜之可言，一旦標舉，則「美」、「醜」必然同時凸顯，如影隨形，任一方皆不獨自成立，必定與另一方相依相倚。亦即「美醜」雖屬互為對照的狀態，但是並非各自分立的兩端；反之，它們自始未曾相離，終始相隨，不可切割。

同理，萬物萬象各自以天性本質，存在於天地之間，本無好壞之可言。然而人們以是否對自己有益為標準，認為有益者是「善」；反之，則是「不善」（壞）。亦即人們界定「此」為「善」（好），則在「此」之外者，立即被判定為「不善」（壞）。換言之，一旦標舉「善」，則「善」與「不善」同時凸顯，一如「美與醜」，亦是如影隨形，自始不曾分立。

由此即可明瞭，常識認為「美／醜」、「善／不善」彼此互斥而且分立遠隔，誠然是觀察未盡透徹，老子說出了它們的真實情狀——「美與醜」、「善與不善」雖屬互為對照的狀態，但是自始相伴相隨，無從切割。所以「美」、「善」就是不可切割的「惡（醜）」、「不善」；因此記載為「天下皆知美之為美，斯惡已；皆知善之為善，斯不善已。」

另外，關於「善、不善」也可由另一面向來了解：人人皆以自然天性存活於天地之間，天性中好逸惡勞、趨吉避凶的本能，若不適度節制，必將產生損及他人的舉動；不過，天性不僅僅只有本能，尚包括與生俱有的自覺能力；所以對於損及他人的舉動，與其指責為「不善、惡」而排斥之，不如喚醒行為者的自覺，使其以自覺適時節制不當的舉動，進而逐漸呈顯自然天性中的「善、好」。

故有無相生，難易相成，長短相較，高下相傾，音聲相和，前後相隨。

「傾」：比較。

「有與無」並生同在。「難與易」同時成立。「長與短」因為比較而同時成立。「高與下」亦是因為比較而同時成立。「音與聲」相互應和。「前與後」相互跟隨。

「有與無」的相關性，一如「美與醜」、「善與不善」。一章業已說明「有與無」是不可切割的整體，二者同存同在，也曾舉數項例證，在此再舉一例：燃燒木材產生了火焰，「無」了木材之本體，卻「有」光與熱之呈現，因此遂知「有無」同在並存，一體不可分。

「難與易」的關連性，亦如「美與醜」、「善與不善」、「有與無」。環顧人間世事，本無難易之可言。然而人們以可否輕鬆處理為標準，認為可輕鬆處理者是「易」；反之，則是「難」。亦即人們界定「此」為「易」，則在「此」之外者，則被認定為「難」。換言之，如果成立「易」的概念，那麼「難」的概念必然同時相伴成立，它們是不可切割的一體之兩面。

「長與短」的相關性，亦與「美與醜」、「善與不善」、「有與無」、「難與易」相同。環顧森羅萬象呈顯其本然之形貌，任一物象皆恰如其分地存在，並無長短之可言；然而人們比較各類物象，以此為「長」，遂以彼為「短」。亦即「長與短」是因為比較而同時呈顯，並不獨自成立。

「高與下」的相關性，一如「美與醜」、「善與不善」、「有與無」、「難與易」、「長與短」。環顧萬物萬象皆呈現其本來面目，並無高下之可言；然而人們比較之，以此為「高」，遂以彼為「下」；以此為「山」，遂以彼為「谷」。故知「高與下」的概念，因為比較而同時生成，它們緊密相繫，無從切割。

「音與聲」的相關性，一如「美與醜」、「善與不善」、「有與無」、「難與易」、「長與短」、「高與下」。「聲」是響，是回聲。之所以有回聲，是因為出現了一個音，遂同時生出回聲，造成「音與聲」相互應和。故知「音與聲」必然相應而生，是不可切割的整體。

「前與後」的相關性，一如「美與醜」、「善與不善」、「有與無」、「難與易」、「長與短」、「高與下」、「音與聲」。若指稱某一物象是「前」，則必有「後」跟隨；若無「後」之跟隨，則「前」無以成立。故知「前與後」必定同時存在，是不可切割的整體。

以上老子指出「美與醜」、「善與不善」、「有與無」、「難與易」、「長與短」、「高與下」、「音與聲」、「前與後」等八組互為對照的狀態，均是同存並在，不可切割的整體。由此即可了解：所有互為對照的狀態，均具有無從切割的關連性；至於常識認為互相對照的狀態互斥不並存，則是觀察未盡透徹。

是以聖人處無為之事。

「無為」指順應自然，但是何謂順應自然？在此以櫻花為例：櫻花在春日綻放，常識認為是人們將櫻花樹種植於土壤中，且給予養分並有空氣、陽光、水的滋潤使然。但是人們也可將不鏽鋼材質的水瓶埋入土中，相同的給予養分且有空氣、陽光、水的滋潤。試問不鏽鋼的水瓶是否也將成長呢？無疑地，水瓶並不成長開花。由此則知，在人為的種植舉動之上，另有決定性的關鍵要素，就是人類所種植深埋者，必須有生長開花的本質。這項本質並非由外界給予附加於櫻花之上，而是植物與生俱有的「自然」性質。人們順應植物的自然性質，將櫻花樹種植土壤中，故而於春季可欣賞櫻花盛開之美景。

所以種植櫻花樹，雖有人為的舉動，但是如果觀察不侷限於一隅，而是察見完整的全貌，便知這項人為舉動，實則是順應自然而為。否則，縱有人為的種植舉動，但所種植深埋者，若不具有成長開花的自然性質，例如不鏽鋼的水瓶，即使深埋土中，相同地給予養分，也仍然不成長開花。由此則知種植櫻花的行為，即是順應自然的性質而為；自然的性質是前提要件，人們的舉止則是順隨自然，並無超越自然之外的行為，所以可稱做「無為」。簡言之，順應自然而為的「無為」，並不是什麼都不做，並不是不為；「無為」的意涵不在於字面，「無為」並不排斥「為」。

另外，關於「無為」的義理，也可藉本章揭示之「互為對照的兩方是無從切割的整體」來了解；亦即「無為」與互為對照的「為」一體不可分。以此，仍然可知「無為」的意涵不在於字面，並非什麼都不做。

「聖人處無為之事」指有智慧的聖人，處事依循順應自然的「無為」法則，並不排斥「為」，不與「為」對立。

這是因為聖人了解互為對照的兩方，本是無從切割的整體，那麼「無為」也就不曾遠離「為」；因此以「無為」處事，即是立基「無為與為」的整體，以整體待命處理事務，當為則為，不當為則不為。例如：將荷花種植於水塘中，櫻花種植於排水良好的土壤中，即是當為則為；不可將櫻花種植於水塘中，也不可將荷花種植於排水良好的土壤中，即是不當為則不為；亦即順應荷花、櫻花的自然性質為前提。

行不言之教。

聖人以不言教化民眾。

在此可由二面向來了解：（一）關於「不言」的意涵並不僅止於字面；由於互為對照的兩方無從切割，所以「不言」不曾遠離「言」。因此雖是以不言教化民眾，但卻是立足

「不言與言」的整體，以整體待命教化民眾，當言則言，不當言則不言；並不排斥「言」，不與「言」對立。（二）「不言」指不以語言切割整體，亦即教之以整體。

萬物作焉而不辭。

「作」：創造性的產生，在此指出生。「辭」有二意：（一）主宰，（二）言說。

萬物出生成長，聖人不刻意主宰，或是不刻意多言。

這是因為聖人依循順應自然的無為法則，治理國事；當為則為，不當為則不為；當言則言，不當言則不言。

生而不有，為而不恃，功成而弗居。夫唯弗居，是以不去。

「恃」：憑仗，指自以為了不起。「弗」：不。

萬物生長發展，聖人不占有把持；聖人有所行為舉動，但不自以為了不起；獲得成功但不居功。正因為不居功，所以更受推崇愛戴，其功勞不被忘記，長存人間。

這是因為互為對照的兩方，無從切割；所以「不居功」雖然宛若「無功」，但「無功」與「有功」不可切割，「無功」即為「有功」，故言其功勞不去。

三章 民心為何騷動不寧？關鍵在於民眾抑或上位者？如何使民心安定？

不尚賢，使民不爭。

國君不刻意崇尚賢才，可使民眾不爭奪。

這是指人人皆有與生俱來的不同專長，所以國君不刻意標舉某些特定能力是「賢」，可使民眾各自適性發展，而不追逐某些特定才能，不爭奪「賢」的名聲。

不貴難得之貨，使民不為盜。不見可欲，使民心不亂。

「見」：現，指顯現。「可欲」指「賢」與「難得之貨」，也就是「名」與「利」。

國君不刻意推崇難得的財貨，可使民眾不受財貨之利誘，不至於不擇手段淪為盜匪搶奪財貨。國君不顯現求「賢」、「貨」的欲念，可使民眾的心思不被「名」、「利」攪擾，保有平穩自在。

上位者與民眾共同組成國家之整體，雙方均為不可切割之整體的一部分，具有一體不可分的緊密關連性；上位者的行為與民眾的回應，也相同地具有一體不可分的性質。所以如果上位者「不尚賢，不貴難得之貨，不見可欲」，民眾也就呈現「不爭，不為盜，心不亂」的狀態。反之，如果上位者「尚賢，貴難得之貨，見可欲」，民眾也就呈現「爭，為盜，心亂」的狀態。亦即種瓜得瓜，種豆得豆；「作用力與反作用力」相應而生。

另外，在此平心思考「名、利」，無疑是人們生活的一部分，對於人們的生活也具有輔助的功能，並非萬惡的淵藪；只不過人們如果過度執著「名、利」，則將使行為產生偏差與錯誤。換言之，錯誤並非源於「名、利」，而是來自人們的執著。故知本章的記載並非排斥「名、利」，而是提醒讀者不宜執著。

是以聖人之治，虛其心，實其腹；弱其志，強其骨。

「虛」、「弱」指減少、節制。「心」、「志」指追求名利的意念。

有智慧的聖人治國，一方面「虛其心，弱其志」，節制民眾追求名利的意念，另一方面則是「實其腹，強其骨」，照顧民眾的生活充實健康，不至於匱乏。

常使民無知無欲，使夫智者不敢為也。

在此先看「無欲」。人類的血肉之軀，與生俱有諸多基本欲求，這些欲求必須獲得滿足，生命方可延續，否則生命將難以維持；故知「無欲」絕非消滅欲求。但是對於這些欲求，究竟是不予節制的無限滿足，抑或本於自覺適度節制，可使人活得更好？深信人人皆知答案是後者。所以「無欲」不是消滅欲求，而是節制。此外，也可由另一面向來了解：人生中諸多過度的欲求，皆源自執著，因為執著遂產生過度的欲求，若無執著則無過度之欲；所以因應的良策不是消滅欲求，而是正本清源的化解執著。例如：依循順應自然的無為法則，當為則為，不當為則不為，無所執著，亦不貪婪抓取，則可適度節制欲求。

「無知」的意涵亦與「無欲」相仿，並非斷絕而是節制之意。雖然「知」使人脫離盲昧，但是知識也增長文飾造作，甚至智巧詐偽，且不免誘發情欲，所知愈多，欲求愈多。因此應本於自覺，適度節制，以避免「知」的副作用。所以「無知」不是愚民政策而是節制。

「智者」指智巧之人。

「常使民無知無欲，使夫智者不敢為也。」指國君引導民眾，本於自覺，節制「知」與「欲」，可使智巧之人無法施展智巧詐偽的舉動。

大眾通常總是增長「知、欲」，不予節制，亦即慣用「加法」，因此也就不免遭受多知多欲的困擾。至於「無知、無欲」的節制，則是「減法」；不過，並非外在的加減，而是由內而發，來自內在自覺的適當節制。

為無為，則無不治。

依循無為法則，沒有治理不好之處。

亦即以順應自然的無為法則治國，當為則為，不當為則不為，立足「無為與為」的整體智慧，則可治理國家臻於理想。

通常學者均認為本章敘述治國之道，亦即運用「道」的智慧治理國家；不過，或許也可了解為：這是老子藉著治國以揭示「道」的整體義理。

四章 「道」是否停滯於「虛」？如何敘述「道」，以提醒讀者不可執著？

道沖，而用之或不盈，淵兮似萬物之宗。

「沖」指虛。「或」與「似」均為非肯定語詞。「不盈」：不滿，指無窮。「淵」：水深。「兮」：語助詞，不具特殊意涵。「宗」：本。

「道」是虛，但它的作用似乎沒有窮極，深淵啊，像似萬物的根本。

首先看「淵」，由於深淵涵蘊豐富生物，故知老子指「道」雖然「虛」，但並非頑空而是蘊涵萬有，如同萬物的根本；亦即道雖「虛」而「實」。換言之，「道」融「虛與實」於一懷，「道」之「虛」未曾遠離「實」，故可由「虛」流動至「實」，亦可由「實」流動至「虛」，不被常識認為的「虛／實」對立所阻滯拘泥；不僅在「虛」可運作，在「實」也可運作，變化無已，因此作用無窮。例如：水杯由於「虛」故可盛水而成為「實」，然而它並不永遠固定於「實」，當水被喝完或倒空或蒸發，則它又成為「虛」，再次發揮盛載其他物質的作用，因此是作用無窮。又例如：陽光是「虛」，並無可觸摸之實體，卻是天地萬物賴以生存之根本。

挫其銳，解其紛，和其光，同其塵。

這四句可能是五十六章之錯簡重出，但也可視為老子描述道之記載。「挫」：削減，指收斂。「銳」指鋒芒。「和」：解消，指遮蔽、隱藏。

收斂鋒芒，不誇耀。化除紛雜繁多，回歸單純。隱藏光芒，以與塵俗混同。

以上均為「減法」；反觀大眾則是慣用加法，誇張炫耀，踵事增華，力求與眾不同；但是老子指出「道」以流動不執著的特質，將適時使用減法。

湛兮似或存。

「湛」：水深。「似、或」均為非肯定語詞。

道如深水，似乎是存在。

之所以言「似或存」，與上文「淵兮似萬物之宗」相同，由於人類的視覺無法到達極深之水中，不知其內情況如何，故以非肯定語詞「似、或」進行敘述。此外，「非肯定語詞」或許尚有另一項意涵：由於「道」具有不執著的特性，不呆滯任一隅落，故老子運用非肯定語詞敘述，以提醒讀者不可執著。至於以人類視覺無法到達之「淵」、「湛」描述「道」，則揭示我們無從藉由感官對「道」進行認知。

吾不知誰之子，象帝之先。

「象」：像、似，亦為非肯定語詞。「帝」指天帝。

我不知「道」是何人之子，它像似在天帝之前業已存在。

這是指「道」並非由某物所產出，並不依傍另一因素而存在；「道」之所以如此，是其性質使然，也就是「道」的自然。「象帝之先」則是因為「道」是渾沌，渾沌先於一切的名相與分別；所以「道」在天帝的名相出現之前，即已存在。至於「道」的渾沌性質，則是延續至今，並未改變。

五章

天地的運作，有無愛憎？治國者可否心存偏私？

天地不仁，以萬物為芻狗。聖人不仁，以百姓為芻狗。

「仁」：愛。然而有愛便不免有偏私，所以對全體沒有偏私的「不仁」不愛，恰如對全體完全同等的一視同仁，也就是全體皆愛的大仁大愛。因此「不仁」即為「大仁」，是沒有任何偏私的大愛，並非苛薄殘忍。

「芻狗」：古人將綠草紮成狗的形狀，於祭祀時做為祭物，祭祀後，則棄置。天地沒有任何偏私，視萬物為芻狗，也就是對萬物一視同仁。聖人沒有任何偏私，視百姓為芻狗，也就是對民眾一視同仁，公正無私。

本章舉「芻狗」為例，說明天地、聖人對萬物以及百姓都是一視同仁，大公無私；但是歷來卻頗有批評，指責老子苛薄殘忍，視萬物與百姓如草芥。然而，若將「芻狗」之舉例，改為它物，例如「天地不仁，以萬物為玫瑰；聖人不仁，以百姓為玫瑰」，那麼上述指責極可能完全不被提出。實則「玫瑰」與紮成芻狗的綠草，均是由「無生」變化為「生」，也都將再次變化為「無生」；人們對凋萎的玫瑰，一如對祭祀結束後的芻狗，均是棄置，並無不同。簡言之，無論記載「以萬物、百姓為芻狗」或「以萬物、百姓為玫瑰」，均揭示對萬物、百姓同等對待的公正無偏私，它們的意涵都不僅止於字面而已。然而舉「芻狗」為例，招致指責；舉「玫瑰」為例，卻一無指責；充分彰顯上述指責僅只停留於文字表面，而未穿過文字察知老子所傳達的義理，誠屬遺憾。

天地之間，其猶橐籥乎，虛而不屈，動而愈出。多言數窮，不如守中。

「橐籥」：風箱。「屈」指竭。「數」指速。「中」有二意：（一）沖，指虛；（二）中庸。

天地之間如同風箱啊，雖然虛空但是作用不窮竭，愈鼓動愈生出風來。言談過多，很快就將陷入困境，不如守虛；或不如秉持中庸。

亦即多言如同風箱塞滿雜物，不再虛空也就無法生風，作用遂枯竭；不過，在此不宜以為是排斥言談的完全不言。試想：倘若只有「虛」，則無法做出一個風箱，風箱必然是「虛與實」相互搭配而組成，也就是「虛實」並存；那麼同理可推，「守中」之「虛」，也是「虛實」相互搭配，亦即當言則言，不當言則不言，恰到好處的中庸。

天地、聖人都沒有任何偏私，也就是「虛」；反之，若有偏私，某物或某人充塞於意念中，則是「實」而非「虛」，恰如風箱塞滿雜物，不再虛空，作用也就枯竭。所以天地、聖人必須維持沒有任何偏私的「虛」，雖然看似「不仁」不愛，但是因為「虛」，故可靈活運作，因此而照顧萬物、百姓之全體，無所遺漏，遂為全體皆愛的大仁大愛。

六章 「道」之「虛」是否排斥「實」？它為何「不死」但卻「若存」？

谷神不死，是謂玄牝。玄牝之門，是謂天地根。綿綿若存，用之不勤。

「谷」指虛。「神」有二意：（一）無形質的存在，指「虛」；（二）神妙。「玄」：深遠。「牝」：雌性，指母體。「玄牝」指道。「綿綿」指微而不絕。「不勤」指不窮竭。

「道」如虛谷，它的作用神妙，不死而長存，這叫做「玄牝」幽深的母體。玄牝的門口，叫做天地萬物的根源。它微而不絕，似乎是存在，作用則是無窮無盡。

四章曾說明「道」雖然「虛」，但並非頑空而是蘊涵萬有；故知本章之「道」亦同，亦即雖然如同虛谷，但是並不呆滯於「虛」，而是「虛不離實」，涵藏萬有，所以是「天地根」，萬物都從它的門口走出來，它是萬物的源起與通路。

「不死」即為永存，但是老子卻說是「若存」，其原因何在？一章曾說明「玄」是深遠，由於人類的視覺對於深遠之處無從進行辨識，故知「玄」揭示無從以感官對「道」進行認知；所以「道」（玄牝）雖然真實存在，但是因為人們的感官無從覺察它的存在，因此也可說它是「若存」。

此外，也可由另一面向來了解：有鑑於二章曾說明，互為對照的兩方是無從切割的整體，故知「不死」無從與「不生」切割。亦即「不死」的意涵不在於文字表面，不是常識所認為對立於「不生」之意，在此可援引《莊子・大宗師》「不死不生」做為進一步的描述。不過，「不死不生」的意涵也不在於文字字面，不是沒有死、也沒有生，不是頑空，而是指出「道」不固定在死、也不固定在生，不呆滯任何隅落，而是流動變化，無所執著。因此，不僅可描述道為「不死不生」，也可描述為「若存若不存」，以彰顯「道」不執著的流動特質。

「若」為非肯定語詞，四章曾說明老子運用非肯定語詞進行敘述，或許是提醒讀者不可執著。此外，覽讀老子全書，實為肯定與非肯定語詞併用，可證老子具有與「道」相同的不執著特質，故其筆法與「道」相應和，靈活流動，不拘一格。

「道」的作用之所以無窮竭，四章曾說明「道」融「虛實」於一懷，亦即以「虛實」之整體運作，可適時由「虛」流動至「實」，亦可由「實」流動至「虛」；不僅在「虛」可運作，在「實」也可運作，所以作用無窮竭。

七章

天地無私而長存，那麼如果效法天地無私，是否將有所收益？

天長地久。天地所以能長且久者，以其不自生，故能長生。

「不自生」指不強求自己的存在。

天地長存。天地之所以能長久存在，是因為它們不強求自己的存在，所以能長存。

這可由兩個面向來了解：（一）天地運作不為自己，養育包容萬物，全無私心，如同自己消失，融入「天地萬物」的整體中，由於整體長存，因此天地也就長存。（二）這印證互為對照的兩方是無從切割的整體，雙方相互流通；亦即「不自生」宛若消失、不生，但是「不生」與「生」無從切割，故能「長生」。換言之，由於不強求生存，宛若不揠苗助長，順應自然，而得長生。

是以聖人後其身而身先，外其身而身存。非以其無私邪！故能成其私。

「外」指不執著、不考慮。

聖人退居民眾之後，卻自然居於民眾之前。不考慮自己的生命，卻自然保全了生命。不正是因為無私嗎，反而成全了自己。

這也可由兩個面向來了解：（一）聖人明瞭自己與民眾是不可切割的整體，所以不僅僅只考慮自己而是考慮整體，所以保全了整體，也就保全了自己。（二）這也印證互為對照的「後與先」、「無私與私」是無從切割的整體，雙方相互流通。亦即聖人懷抱整體智慧，不同於尚未了解整體的大眾，並不爭先恐後，因為他明瞭「先與後」、「無私與私」一體不可分，所以不爭先、不強求一己之私，而且樂意居後、無私，自然獲得「後」、「無私」流動為「先」、「私」的結果。

八章

水滋潤萬物而不爭，那麼效法水之「不爭」，人生是否將有所開創？

上善若水。水善利萬物而不爭，處眾人之所惡，故幾於道。

「爭」有二意：（一）執著；（二）相爭。「處」有二意：（一）停留；（二）流向。「幾」：近。

最受推崇的上善之人，如同水一般。水具有三項特質：（一）善於滋潤萬物，（二）不執著、不與萬物相爭，（三）停留在（或流向）眾人厭惡的低下之處，所以接近於道。

「爭」是執著，因為有執著，遂有「爭」的舉動。「水」具有流動的本質，不執著一地，不執著一相（水有三相：氣態、液態、固態），故可描述為「不爭」。不過「不爭」的意涵並不僅止於字面。由於互為對照的兩方是無從切割的整體，所以「不爭」未曾遠離「爭」，也並不排斥「爭」。亦即「不爭」是立基於「不爭與爭」的混融整體，以整體待命，當爭則爭，不當爭則不爭。例如河谷之水，包容眾多生物，誠然是「不爭」；但是山洪暴發之水，豈是「不爭」？以此則知「不爭」與「爭」皆為水之本性，水是「不爭與爭」混融的整體，由此亦可見「水」不執著的本質。

居善地，心善淵，與善仁，言善信，正善治，事善能，動善時。

「正」：政，指為政。「治」指績效。

上善之人，居處善於擇地；心胸如水淵深湛；與人交接一視同仁；言談有信用；為政有績效；處事善於發揮所長；行動善於掌握時機。

這是指悟道者具有上述三項「水」的特質，並且以靈活不執著的整體智慧，待人處事，遂自然趨向恰到好處的位置與成果。

夫唯不爭，故無尤。

「唯」有二意：（一）因為；（二）只有。「爭」有二意：（一）執著；（二）相爭。因為（或只有）不執著或不爭，所以沒有怨尤。

由於不執著，因此「不爭」是立基「不爭與爭」之整體，以整體待命；故知水與上善的悟道者，之所以不引起怨尤，並非始終退讓不前，而是當爭則爭，不當爭則不爭，順應情勢，無所偏執，因此恰如其分，也就不至於引起怨尤。

九章

追求盈滿銳利，是否全然有利而無弊？成功者，應否霸居高位？

持而盈之，不如其已；揣而銳之，不可長保；金玉滿堂，莫之能守；富貴而驕，自遺其咎。

「持」：抓。「盈」：滿。「已」：停止。「揣」：捶鍊。「遺」：送，指帶來。「咎」：災殃。

抓持得滿之又滿，不如適時停止。捶鍊得銳利，反而不能長保。金玉堆滿堂屋，但卻無法長久持守。富貴而又驕慢，將給自己帶來災殃。

萬事萬物皆不斷改變，「變」是萬事萬物的自然本質，因此人們不可能牢牢抓住事物的某一狀態而不變。所以一旦產生執著的意念與行徑，不論執著的是什麼狀態，都是違逆自然，必將遭受違逆自然的災殃。

功遂身退，天之道。

「功遂」：成功。

成功而退隱，就是自然的天道。

這顯然與常識不同，通常世人一旦成功，便不免執著成功所帶來的高位。老子翻轉常識，以「身退」揭示天道流動不偏執的特性。然而「身退」的意涵並不僅止於字面，並非不退隱，就不符合天道；反之，如果具有流動的智慧，不偏執，不成為上述的「盈、銳、滿、驕」，縱然不退隱，仍符合天道。亦即天道具有流動不偏執的特性，所以豈可能始終固執於「身退」？換言之，由世人對成功的執著中退出，擁有不被成功繫縛的自由心靈，即為天道。

十章 日常生活中，如何實踐「道」？誰具有深遠而非淺薄的「玄德」？

載營魄抱一，能無離乎？

「載」：守。「營魄」：魂魄，指精神與形體。「一」指整體。

精神與形體相守相抱為「一」，能夠不分離嗎？

這是指神形不離，是混融的整體，是「一」而不是「二」。

專氣致柔，能嬰兒乎？

凝聚意念，專注於氣息呼吸，以達到柔，能夠如嬰兒一般嗎？

滌除玄覽，能無疵乎？

「玄覽」指觀照道。

洗滌雜蕪，以觀照道，能夠沒有瑕疵嗎？

愛民治國，能無知乎？

「無知」指節制知識、智巧。

愛護民眾治理國家，能夠節制知識、智巧嗎？

人間世事，無不具有一體兩面的性質；三章曾說明「知」雖然使人脫離盲昧，但是知識也同時增長文飾造作，甚至是智巧詐偽。因此應本於自覺，適度節制，以避免「知」的副作用。

天門開闔，能為雌乎？

「天門」指耳目鼻口之感官。

感官與外界接觸，能夠安靜如同雌性嗎？

這是指面對感官之欲求對象，不是騷動浮躁而是安靜穩重。亦即以自覺節制本能而非放縱。

明白四達，能無為乎？

明白事理通達四方，能夠做到無為嗎？

這是指明瞭「道」的整體智慧，因此無所偏頗，通達四方，行為舉止則是依循順應自然的無為法則。

試想，本章之所以舉出上述六個面向為例，或許是因為人們於生活中，面對諸多事務，都不免有神不守舍或是過度剛強、執著之時，因此老子鼓勵大眾以自覺能力，及時自我覺察，並依隨大道不執著的流動特質，調整生命狀態。以此，非但不拘泥於一隅，也同時將「道」的智慧落實於生活中。

生之畜之。生而不有，為而不恃，長而不宰，是謂玄德。

「畜」：養。「玄」：深遠。「德」在此可藉《淮南子・齊俗篇》「得其天性謂之德」來了解，指天性本質，例如：與生俱有的本能以及思考、自覺的能力。

通常學者認為本段敘述的主詞是「道」，亦即「道」生發萬物，養育萬物；「道」生發萬物，但是不刻意占有把持萬物；「道」有其運作，但不刻意的自以為了不起；「道」長養萬物，但不刻意控制主宰萬物；這稱做「玄德」深遠而非淺薄的本質。

不過，或許也可由另一面向來了解：在渾全大道中，萬物以與生俱有的天性，自然地出生，並受到養育。萬物生長發展，不被占有把持；萬物各有行為舉動，但都不自以為了不起；萬物生長發展，不被控制主宰；萬物都具有深遠而非淺薄的「玄德」。由此而印證「道」超越「占有或不占有」的意念之上，對萬物並無「主宰或不主宰」可言。

十一章

大眾認為互斥的「有與無」是否果真不並存？「有」與「無」孰重？

三十輻共一轂，當其無，有車之用。

「輻」：車輪中的直木。「轂」：車輪中心的圓木，中間虛空，以便安放車輻。

車輪的三十根木條（車輻），共同聚集於車輪的軸心（車轂），正因為車轂中央的空「無」，與車輻木條的「有」，相互配合，所以車輪可以平穩滾動，提供給我們車輛的作用。

埏埴以為器，當其無，有器之用。

「埏埴」：搓揉黏土。

揉和陶土做成器皿，器皿中央的空「無」，與器皿的陶土部分的「有」，相互配合，所以使我們的器皿具有盛物的功能。

鑿戶牖以為室，當其無，有室之用。

「戶」：門。「牖」：窗。

開鑿門窗建造成房屋，由於室內的空「無」，與房屋牆壁的「有」，相互配合，所以造就我們的房屋居住的功用。

故有之以為利，無之以為用。

由以上三項生活中的例證，可知「有」之所以給予我們便利，正是因為它與「無」相互配合。

亦即「有無」同在並存，混融為「一」，所以可完美發揮作用。而且由車輛、器皿、房屋三項例證，可明瞭「有無」是無從切割的整體，也就是「有無」相依相存，混融為「一」

而不是「二」。以上三例也同時彰顯「有」固然重要，但是「無」亦同等重要；所以社會大眾只重視「有」而輕忽「無」，以為「無」不具任何價值，是一項偏頗的錯誤。換言之，「有」之所以重要，正是因為它與「無」是不可切割的「二」，因此「有」是多麼重要，「無」就是多麼重要；重視「有」，也就是同等的重視「無」；然而大眾未覺察「有與無」的密切關連性，只知「有」重要，只偏向「有」，執著一偏，所以是偏頗的錯誤。

十二章

極度追求物欲享受，是否果真為享受？物質與精神，孰輕孰重？

五色令人目盲，五音令人耳聾，五味令人口爽，馳騁畋獵令人心發狂，難得之貨令人行妨。

「五色」：青、黃、赤、白、黑。「五音」：宮、商、徵、角、羽。「五味」：酸、辛、甘、苦、鹹。「爽」：失。「畋獵」：打獵。「行妨」：行為不當。

過度的五色刺激，使人失去視覺。過度的五音刺激，使人失去聽覺。過度的五味刺激，使人失去味覺。騎馬奔馳打獵，使人心緒狂亂。難得稀有的財貨，誘使人行為不當。

是以聖人為腹不為目，故去彼取此。

「腹」指生命內在的精神層面；其意涵不在於文字字面，並非僅僅指血肉之軀而已。「目」指向外追逐感官刺激。「去」：去除。「彼」通常學者都認為指「目」，「去彼」指「不為目」。「此」通常學者都認為指「腹」，「取此」指「為腹」。

所以聖人重視生命內在的精神飽滿，不追逐過度的感官刺激。去除對物欲極端的追求，並且重視內在的精神。

以上是學者們通常的說解，但是緊緊依循老子敘述的脈絡，則可了解「彼」指「為腹」，「去彼」指不為腹；「取此」指不為目。亦即「去彼取此」指不為腹也不為目。然而這並不意謂著拋棄「腹與目」（精神與物質），並非成為頑空，而是具有與「道」相同的不執著特質，不執著「腹」（精神），也不執著「目」（物質），不呆滯任一隅落，而是兼顧二者，對物質與精神同等重視，以求物質與精神的平衡。

老子誠實面對生命，了解人人皆是血肉之軀，皆須物質供養以延續生命，因此物欲不可能斷絕而必然與生命並存。然而以物質滿足血肉之軀需求的同時，也須同等重視精神層面的滿足與提昇，唯有二者都獲得恰如其分的滿足與安頓，才可能成就理想人生；反之，執著任何一方，都是偏頗，也都是錯誤。

此外，有鑑於基本的物欲滿足後，更多的物質便不再具有意義，並不提供更大的喜悅與滿足感，此時唯有提昇至性靈精神層次，才可能獲得更高的喜悅與滿足感。然而，如果缺乏此項了解，誤以為無止盡的追求物質享受與刺激，可創造更多的喜悅與滿足感，以致偏離了物質與精神恰到好處的中庸與平衡，則將斲喪正常的感官功能，對生命造成折損。因此老子以高度自覺，提醒讀者必須誠實面對血肉之軀的欲求，適當節制，並且無所偏頗的等同重視物質與精神，使二者達到平衡，以此自我安頓，使生命自在平穩。

十三章 「得寵與失寵」是否有別？「肉身與大災難」是否有異？

寵辱若驚，貴大患若身。

「辱」指失寵的屈辱。「若」：是。「貴」指重視。「貴大患若身」即為「貴身若大患」。

獲得寵愛的光榮與失去寵愛的屈辱，都是驚駭。看重血肉之軀如同重視大災難。

何謂寵辱若驚？寵為下，得之若驚，失之若驚，是謂寵辱若驚。

為什麼說：得寵的光榮與失寵的屈辱，都是驚駭？因為寵愛是卑下的，得寵是驚駭，失寵也是驚駭，這就是得寵的光榮與失寵的屈辱，都是驚駭。

這顯然與常識不同，世人通常認為寵愛是無上榮耀，得寵時，非但不驚駭而且引以為榮；至於失寵時，方才有屈辱卑下的驚駭之感。然而老子和盤托出，指出今日雖然獲得無上榮耀的寵愛，但卻可能明日即變化為失去寵愛的屈辱卑下。亦即寵愛並不固定，當它變化時，無上榮耀也就變化為屈辱卑下，因此無論得寵或失寵，都令人驚駭。

這印證互為對照的兩方是無從切割的整體，雙方相互流通；亦即「得與失」、「寵與辱」、「上與下」一體不可分，「得、寵、上」與「失、辱、下」相互流動，而非始終固定不變。

何謂貴大患若身？吾所以有大患者，為吾有身，及吾無身，吾有何患？

「及」：若。

為什麼說：看重肉身如同重視大災難？我之所以有大災難，就是因為有血肉之軀，若無血肉之軀，還有什麼災難？

這可由兩個面向來了解：（一）世人視血肉之軀為至珍，但老子卻視為大患，這是因為肉身亦有令人尷尬、為難之處，例如：血肉之軀與生俱有諸多欲求，這些欲求必須獲得滿足，生命方可延續。由於這些欲求，常使人不斷的向外追逐，不免造成行為失衡，衍生諸多苦惱，對生命而言誠然是大患。故知肉身雖屬至珍，但亦具有一體兩面的性質，老子和盤托出，指出世人通常未留意的另一面。

（二）世人渴求血肉之軀長存，然而就在亟欲牢牢抓住肉身的同時，不免誤認生命僅僅侷限於肉身，誤以為生命獨立於「天地萬物」的整體之外，遂有強求肉身長存以致違逆整體運作的不當行為，故釀成災難。此時，唯有將生命由肉身中釋放出來，不再被肉身侷限，重返「天地萬物」的整體，依循順應自然的「無為」法則，當為則為，不當為則不為，則無大患。

以此則知「無身」的意涵，並不僅止於字面，並非消滅血肉之軀，而是生命不被肉身所拘泥，應與「天地萬物」的整體混融為一；至於「大患」則是因為不順應自然之故。

故貴以身為天下，若可寄天下。愛以身為天下，若可託天下。

「貴以身」就是「貴以大患」，因為前文「貴大患若身」業已指出血肉之軀即為大災難，所以「貴以身」就是「貴以大患」。「為」：治理。「愛」即為「貴」，亦指重視。「愛以身」就是「愛以大患」。

以重視肉身，也就是重視大災難一般的審慎態度，來治理天下，就可將天下寄託給他。審慎安頓血肉之軀，如同處理大災難，以這樣的謹慎來治理天下，就可將天下交付給他。

世人渴求血肉之軀，對於大患則是唯恐避之而不及，呈現兩極化的偏頗心態；然而胸懷整體智慧者，對於肉身與大災難，等量齊觀，態度均是謹慎而且無所偏頗；具有如此審慎並且中庸不偏執的態度，即為治理天下的理想人選。

十四章

可否藉由感官對「道」進行辨識？它究竟是「有」抑或是「無」？

視之不見名曰夷。聽之不聞名曰希。搏之不得名曰微。此三者不可致詰，故混而為一。

「夷」：無色。「希」是無聲。「搏」：摸。「微」：無形質。「詰」：詰問追究。

看它卻看不見，稱它為「夷」。聽它卻聽不到，稱它為「希」。摸它卻摸不著，稱它為「微」。由這三個方面都無法追究它，因為它是渾然一體的存在。

「道」是不割裂的渾全整體，人們無從藉由感官的視覺、聽覺、觸覺，對它進行切割性的認知；亦即「道」與萬有混融為「一」，它的整體性不可由任何單一、局部的片面來了解。

其上不皦，其下不昧，繩繩不可名，復歸於無物。是謂無狀之狀，無物之象，是謂惚恍。

「上」、「下」均指「道」，實則「道」是渾沌，並無上、下可言。「皦」：明。「繩繩」指不絕。「名」：形容。「之」有二意：（一）是介繫詞，「的」；（二）是動詞，「往」。

它不明亮，也不昏暗。它的作用綿綿不絕，無法形容。它又將回歸於無物。這叫做沒有形狀的形狀，或是沒有形狀通往形狀；沒有物象的物象，或是沒有物象通往物象；這叫做惚恍。

「道」之所以非明非暗，是因為「明」不離「暗」，「暗」不離「明」；亦即它既不固定於「明」也不固定於「暗」，而是不斷流動變化。「道」雖然「歸於無物」，但並非就此成為頑空死寂，而將再次由「無狀」、「無物」流動變化而呈現「狀」與「象」；也就是由「無形」變化為「有形」。由此可知「惚恍」是不斷流動變化，不確定，不固定的混融。若勉強描述則為：若無似有，非有非無；虛中有實，虛而不虛，非虛非不虛；若存若亡，存亡一體。

迎之不見其首，隨之不見其後。

迎向它，看不見它的頭（起點）；跟隨它，看不見它的尾（終結）。這是指渾然一體的「道」，並無首尾、前後、上下之可言，而是無首無尾，前即是後，上下為一。

執古之道，以御今之有。能知古始，是謂道紀。

「御」：駕馭，指處理。「有」指具體事物。「紀」：綱紀，指規律。

掌握自古以來就存在的「道」，可處理當前的一切具體事物。能了解自古以來的起始，這叫做「道紀」道的規律。

由於「道」具有流動不執著的特質，所以秉持「道」，則可不僵化不拘泥的依循周身事務的自然本質，與之恰如其分的互動，進而獲得平穩安頓。

十五章

悟道者是否呆滯一隅？他的生命內涵，何以深不可測？

古之善為士者，微妙玄通，深不可識。夫唯不可識，故強為之容。

「士」指有道之士。「玄」：深遠。「強」：勉強。「容」指描述。

古時的有道之士，精微、奧妙、深遠、通達，生命的深度無從以視覺來觀察認識。正因為無從辨識，所以勉強來描述他。

這是指悟道者，具有與「道」相同的流動特質，並非始終滯留在「不可識」的一隅，所以仍有「可識」之處，仍可描述之。

豫焉若冬涉川，猶兮若畏四鄰。

「豫」、「猶」均是遲疑，均指謹慎。

遲疑啊，如同冬天走過結冰的河川。謹慎啊，如同害怕驚擾四鄰。

儼兮其若客，渙兮若冰之將釋。

「儼」：嚴肅。「渙」：散，指鬆散、不嚴肅。

嚴肅啊，如同在外作客。不嚴肅啊，如同冰開始溶化的柔和。

這是指有道之士，具有與「道」相同的流動不停滯的特質；雖然嚴肅，但不固定於此，而可適時流動，呈現並不嚴肅的溫柔親和。他的流動特質，恰如一大氣壓下，攝氏零度時，冰水共存，水中有冰，冰中有水，冰與水互通。

敦兮其若樸，曠兮其若谷。

「樸」：未經切割雕琢的完整原木。

敦厚啊，如同未經切割雕琢的完整原木。空曠啊，如同河谷。

「道」是不割裂的整全，悟道者不離於「道」，生命與天地萬物是不可切割的混融整體，故以「樸」未切割的完整原木加以描述。悟道者既然與天地萬物混融，那麼他的生命也就寬廣無窮極，宛若河谷、山谷，無所不包。

混兮其若濁。孰能濁以靜之徐清？孰能安以久動之徐生？

「混」：濁、不清澈。「徐」：緩，指逐漸。

不清澈啊，如同混濁之水。誰能由混濁而安靜下來，逐漸的清澈？誰能安靜許久，卻逐漸活動起來，具有活潑生機？

這是指悟道者，具有與「道」相同的流動特質，並非始終呆滯任一隅落。雖然在生活中，受環境的激盪，不免有混亂激動之時，但可逐漸回復安靜；然而卻不因此呆滯成為死寂，而將再次流動變化為活潑動態。也就是由動而靜，由靜而動，不滯留一隅。

保此道者不欲盈。

保有「道」的流動智慧者，不要求違反自然的盈滿。亦即不執著盈滿。

這顯然不同於常識，世人都偏好盈滿，而且欲牢牢抓住；但是悟道者與眾不同，不執著任何狀態，當然也就不執著於盈滿。然而這並非指悟道者的人生，絕無盈滿之時，而是縱然達到世人喜愛的盈滿，亦不執著。換言之，悟道者處身於「盈與不盈」的整體中，恰如前述處身於「動與靜」的整體中，順隨整體的變化而不固定於任一隅落。

夫唯不盈，故能蔽不新成。

「蔽」：隱蔽，指謙抑。「新成」：成功，指盈滿。

正因為不執著盈滿，所以能自我謙抑，不張揚成功與盈滿。

這是指悟道者具有不執著的特質，超越「盈與不盈」的分別之上，即使成功、盈滿，也不張揚，不同於大眾執著並且炫耀盈滿；也就是「保此道者不欲盈」。

十六章

如何安頓有「生」必有「死」的人生？阻擋死亡抑或坦然面對？

致虛極，守靜篤，萬物並作，吾以觀復。

「篤」：深。「作」指出生。「復」：反，指循環反復。

到達極至的虛，守在深深的靜，萬物就在這樣的狀態下出生成長，我因此看見循環反復之理。

亦即雖然虛靜至極，但卻並非永遠停滯於此，而將發展出萬物的生長與活動。換言之，沒有生命跡象的虛空寂靜，變化而呈現實有的萬物與活潑動態；而且萬物雖由「虛、靜」發展為「實、動」，但卻也不是永遠停滯在「實、動」，而將再向「虛、靜」流動變化。這就是「復」——反的法則。

這印證互為對照的兩方是無從切割的整體，雙方相互流通；亦即「虛、靜、無生」，將流動變化為「實、動、生」；「實、動、生」亦將流動變化為「虛、靜、無生」。

夫物芸芸，各復歸其根。歸根曰靜，是謂復命。

「芸芸」指茂盛生長。

萬物蓬勃生長，卻也都各自返回它們的根源。歸根稱做靜，這就是「復命」返回生命的起源。

這可由兩個面向來了解：（一）一切有生命的存在，都將回到沒有生命的寂靜。亦即「生與無生」、「動與靜」、「實與虛」一體不可分；由「生、動、實」返回「無生、靜、虛」，就是「復命」返回生命的起源狀態。（二）一切存在回返「道」，就是「復命」。這是因為任何存在的狀態，均是整全之「道」在流動變化中所呈顯的各種面相；亦即「道」是一切存在的根源，一切存在都不曾遠離「道」，也都將回歸「道」，也就是「復命」。

復命曰常，知常曰明。

「常」：不變。

復命稱做「常」，了解「常」稱做「明」。

亦即由「生、動、實」返回「無生、靜、虛」的復命法則，就是生命不變的常態。了解生命的常態，即為生死反復流動，也就是觀照生死一體不可分，則是「明」的智慧。

不知常，妄作凶。

「妄」：亂，指不恰當。「作」指舉動、行為。

不了解生命的常態，遂有不恰當的舉動，造成凶險。

這是指大眾不願接受存活必向死亡復歸的不變法則，總是執著存活，排斥死亡；當死亡接近時，不斷做出阻擋死亡的舉措。然而存活流動變化為死亡，既是不變的法則，那麼人類便不可能阻擋死亡；因此不恰當的阻擋死亡的妄動，遂為人類帶來凶險。凶險是因為舉動不順應生死之自然，例如：古代求長生之人，煉丹服藥，反而自促死亡；當代醫療院所，對於長期重病、器官功能衰竭而瀕臨死亡的病人，執行急救措施，卻為病人製造極度的痛苦。

知常容，容乃公，公乃全，全乃天，天乃道，道乃久，沒身不殆。

「容」指接受，不排斥。「乃」：是。「全」：完整。「天」指自然。「殆」：危險。

了解存活必向死亡復歸的不變法則，則可接受死亡就在生命中發生。容得下死亡，不排斥死亡，就是廓然大公，沒有執著於存活的私念。廓然大公，願意接受死亡的生命，就是完整的生命。擁有完整的生命，則符合自然。符合自然，則符合「道」。符合「道」則可長長久久的存在，終身沒有危險。

觀照生死整體之「明」的智慧，了解生必向死流動，故對生死無所偏執，行為舉止符合「道」，則生命久存。不過，此「久存」並非僅只是以有呼吸、心跳的形式存在而已，例如：老子著書，智慧深遠，二千五百年來始終被人們所記憶，受世人追隨，其生命即是久存人間。

不順應生死之自然，是「凶」險；順應生死之自然，則是「不殆」不危險。然而，順應且接受死亡，並非自促死亡，而是超越「生與死」的分別之上，無所執著。以此，縱然面臨死亡也不恐慌、不排斥，而是平和面對，坦然接受。

十七章 誰是理想的治國者？上位者的行為與民眾的回應，是否不相干？

太上，下知有之。

最佳的國君，民眾只知有他的存在。

這是因為國君的施政就是順應自然，所以民眾並未覺察到他的施政，僅知其人而已。

其次，親而譽之。

其次的國君，民眾親近並稱讚他。

這是指民眾覺察到國君照顧人民的施政措施，遂表示歡迎。

其次，畏之。

又其次一等的國君，民眾畏懼他。

這是指國君高壓統治，施行嚴刑峻罰，因此民眾畏懼他。

其次，侮之。

更其次一等的國君，民眾輕侮他。

這是指國君惡劣統治，令民眾生活艱困，所以民眾侮辱他。最嚴重的侮辱就是造反、革命，推翻國君。

信不足焉，有不信焉。

統治者誠信不足，所以民眾也就不信任他。

這是一體的兩面，作用力等於反作用力；亦即治國者的行為與民眾的回應，相應而生，是不可切割的整體。

悠兮其貴言。功成事遂，百姓皆謂：我自然。

「貴言」指不輕易發號施令。「遂」：成功。「自然」指天性本質，例如：民眾的生命之所以如此呈顯，是其性質使然，也就是民眾的自然。

最好的統治者悠閒從容，不輕易發號施令。事情成功了，百姓都說：我自然如此呀。

國君施政順應民眾的自然天性，即可獲得成功。這是因為「國君與民眾」是不可切割的整體，國君順應民眾，也就是順應整體，行為符合「道」的整體性，遂獲得理想成果。由於整體獲得成功，所以不僅是民眾成功，國君也同時獲得成功，誠然是理想的治國者。

十八章

什麼是「仁義、智巧、孝慈、忠臣」一體兩面的另一面？

大道廢，有仁義。

「廢」指遮蔽。「仁」：愛，但是有愛便不免有偏私，遂形成「愛／不愛」的對立與分別。「義」：宜，然而並非順應萬物的自然性質，而是以自己的意念判斷合宜與否，亦不免形成「宜／不宜」的對立。

大道的整體性被遮蔽之後，才有了仁義。

大道是不割裂的整全，天地萬物並存其中，不僅是無從切割的整體，而且也都未曾暫離大道的整體性，因此理當依循大道順應自然的「無為」前提，當為則為，不當為則不為，與萬事萬物恰如其分的互動。但是如果未能明瞭上述整體本質，也就是「道」的整體性被遮蔽了，人們的行止也未能依循順應自然的「無為」準則，反而創設「仁、義」之詞，欲將行為固定在仁、義的模式中，則將使人們的舉動更加遠離順應自然的前提。這是因為仁、義只是整體的一部分，追求「仁、義」遂相應有「不仁、不義」，以致產生對立性，使得「道」的整體性更加被遮蔽。理想狀態則是：立足大道的整體性，與天地萬物混融，以整體為念，行仁義之實，而不存行仁義之念，照顧整體的同時，也一併照顧了自己。

智慧出，有大偽。

「智慧」指智巧聰明。

智巧出現之後，則有刻意而且不符合自然的虛偽。

例如：統治者以智巧聰明訂定許多制度規範，約束民眾，卻因此使得民眾也以智巧聰明尋覓規範的漏洞，遂有鑽漏洞的各種巧詐行徑，造成更加刻意、更加不平衡的詐偽欺騙。

六親不和，有孝慈。

「六親」：父、子、兄、弟、夫、婦。

六親不和睦，才有所謂的孝慈。

如果天下所有的家庭皆相處和睦，也就不特別彰顯某家族是父慈子孝，因為所有家族皆是慈孝。反之，當某家族的父慈子孝顯得十分獨特時，也就表示六親和睦，在社會中業已十分稀少。

國家昏亂，有忠臣。

國政昏亂，才有所謂的忠臣。

此二句的意涵與前兩句相同，亦即大臣如果都為國盡忠，也就不特別彰顯某人是忠臣，因為所有大臣皆是忠臣。反之，若某位大臣為國盡忠顯得十分獨特時，也就表示忠臣在朝廷中十分罕見，此時當然已是國政昏亂的狀態了。

常識稱讚「仁義、智巧、孝慈、忠臣」，然而它們都具有一體兩面的性質；老子和盤托出，指出常識未留意的另一面，故知本章的意涵並非字面的反諷而已。

十九章　如何施政，對民眾有益？鼓吹智巧？抑或節制智巧、秉持樸素？

絕聖棄智，民利百倍。

「絕聖棄智」即三章之「不尚賢」。「絕」、「棄」均指不刻意崇尚，並非字面之斷絕、拋棄。「聖」、「智」均指聰明才智。

不刻意崇尚聰明才智，對民眾有百倍的好處。

上位者任用聰明才智之士，創設眾多制度規範，雖然對人民有引導輔助的功效，但也同時對民眾造成限制。因為出自人為的設定，不如順應自然的無為法則，可使民眾的天性不受扭曲並且適性發展。例如：教育制度並非對所有人皆合宜，總是有些人們無法將自己勉強塞入制度，因此不免受社會排擠，生命遭到扭曲而多有掙扎。

絕仁棄義，民復孝慈。絕巧棄利，盜賊無有。

「巧」指機巧。

不刻意崇尚仁義，使民眾恢復孝慈的天性。不刻意崇尚機巧、獲取利益的意念，盜賊自然消失。

「聖智、仁義、巧利」都是大道渾全整體中的一部分，本無好壞之可言。然而，若欠缺上述了解，強行定義聖智、仁義、巧利是「好」，並竭力鼓吹追求，遂相應而生「不聖不智、不仁不義以及盜賊」之「壞」，以致產生對立性，而非整體性。反之，如果不離大道的整體性，依循順應自然的無為法則，當為則為，不當為則不為；行仁義之實，而不存行仁義之念（請參見十八章），與整體中的其他存在，恰到好處的互動，天性中的孝慈也就自然顯現於行為中，盜賊自然消失，則對「整體」（上位者與民眾）利百倍，而不只是「民」利百倍。

此三者，以為文不足。故令有所屬，見素抱樸，少私寡欲。

「三者」指上述「聖智、仁義、巧利」。「文」指文飾。「屬」：依歸。「見」：現，指呈現。「素」：未染色的原絲，指單純。「樸」：未雕琢的原木，指質樸。

上述的「聖智、仁義、巧利」都是文飾，都來自人為的切割，並不完美理想，不足以使天下自然發展。所以應使整體（上位者與民眾）有所依歸，歸於呈現單純、保持質樸，節制私心與欲望。

有學者認為本章反對制度，故稱老子是無政府主義者。實則，本章與上一章相同，揭示人世間沒有任何一事，不具有一體兩面的性質。常識稱讚「聖智、仁義、巧利」，然而老子仍是和盤托出，指出常識未留意的另一面，故知本章的意涵並非字面的反對制度而已。

況且，縱然撤除人類設定的制度，亦非回到原始的本能狀態，而是以自覺安頓生命。例如：對整體有清晰的自覺，覺察生命在天地萬物的整體中，理當順應整體自然的流動與變化；並且同時以自覺節制本能欲求及行為，尊重他人，愛護自己，尋覓恰當合宜的生命發展方向，以此來安頓自我。如果人人自覺、自我安頓，則人際相處和諧，社會安祥。那麼，距離「民利百倍，民復孝慈，盜賊無有」自然不遠。只不過「人人自覺」何其難以達成，或許老子哲理之所以不易落實的原因，不在它處，而在於此。

老子的生命氣質，是否與大眾相似？他是否炫耀，特別引人注意？

絕學無憂。

「絕」指不刻意崇尚，並非字面的斷絕之意。「學」指學習知識。不刻意崇尚學習知識，就沒有攪擾了。

生活中沒有任何一事，只有光明面而無晦暗面。三章曾說明，知識雖然使人脫離盲昧，但也同時增長文飾造作，甚至是智巧詐偽，而且不免誘發情欲，所知愈多，欲求愈多，攪擾愈多。所以本章是提醒讀者：對於知識的晦暗面是否有所警覺；當晦暗面顯現時，有無應對之策。因此本章仍然與三章相同，提醒讀者：本於自覺，適度節制，以避免知識的副作用。所以「絕學」不是斷絕知識而是不刻意崇尚學習知識。

唯之與阿，相去幾何？善之與惡，相去若何？人之所畏，不可不畏。荒兮其未央哉！

「唯」與「阿」都是回答他人的應答聲；「唯」是恭敬的應答聲，「阿」是輕侮的應答聲，引申義則為「榮與辱」、「奉承與斥責」。「去」：離。「相去」：相離，指差別。「荒」：大。「未央」：無盡。

榮與辱，奉承與斥責，相差多少？善與惡，好與壞，又有什麼差別？但是眾人畏懼的，我也不能不畏懼。明白於此，則生命遠大沒有盡頭。

對於「榮與辱」、「奉承與斥責」、「善與惡」、「好與壞」，大眾都喜愛「榮、奉承、善、好」的一方，排斥「辱、斥責、惡、壞」的一方。但是二章曾說明：互為對照的狀態，均為無從切割的整體；老子即為明瞭「榮與辱」、「奉承與斥責」、「善與惡」、「好與壞」一體不可分，本無「相去」相離之可言，故記載為「相去幾何」、「相去若何」，以揭示他的思考不與大眾相同，並不排斥任何一方。

另外，關於「善惡」也可由另一面向來了解：二章曾說明人人皆以自然天性存活於天地之間，天性中好逸惡勞、趨吉避凶的本能，若不適度節制，必將產生損及他人的舉動；然而，對於損及他人的舉動，與其指責為「惡、壞」而排斥之，不如喚醒行為者的自覺，使其以自覺適時節制不當的舉動，進而逐漸呈顯自然天性中的「善、好」。

然而，即使有上述的了解而無所排斥，但是老子明瞭置身在社會的整體中，言談舉止必須依循順應自然的「無為」前提，當為則為，不當為則不為，所以自我提醒「人之所畏，不可不畏」；也就是順應自然，當畏則畏。如此，則可使行為舉止恰如其分，以與大眾相處。

以上的了然於心，不僅使老子不落入大眾所認為的「榮／辱」、「奉承／斥責」、「善／惡」、「好／壞」兩兩對立的糾葛中，而且行止恰到好處，不至於遭受大眾批評，不自陷困境，因此生命自然寬廣無可限量。

眾人熙熙，如享太牢，如春登臺。我獨泊兮其未兆，如嬰兒之未孩；儽儽兮若無所歸。眾人皆有餘，而我獨若遺。我愚人之心也哉！沌沌兮，俗人昭昭，我獨昏昏；俗人察察，我

獨悶悶。澹兮其若海，飂兮若無止，眾人皆有以，而我獨頑似鄙。我獨異於人，而貴食母。

「熙熙」指和樂。「太牢」指牛、羊、豬三牲。「未兆」：無跡象，指安靜，不引人注意。「孩」：咳，指嬰兒笑。「儽儽」指孤單。「餘」指多。「遺」指不足。「沌沌」指無知。「昭昭」指光采。「察察」指精明。「悶悶」即為「昏昏」，指不精明。「澹」指恬靜。「飂」：高空之飄風。「止」：留，指繫縛。「以」：能。「頑」指愚鈍。「食」：用。「母」指「道」。「食母」指守道。

大眾興高采烈，如同享受牛、羊、豬三牲的豐盛祭品，如春日登上高臺眺望美景。唯獨我淡泊安靜，不引人注意，好像還不會笑的嬰孩，孤孤單單啊，如同無家可歸。大眾好像什麼都擁有很多，唯有我好像匱乏不足。我的思緒是一個愚笨的人吧！渾沌無知啊。大眾都光采明亮，唯獨我暗淡無光。大眾都精明幹練，唯獨我不精明算計。恬靜如同大海，如同高風吹拂，不被繫縛。大眾都有能力，只有我愚鈍又鄙陋。我特別的與眾不同，看重依循大道。

雖然自言「若無所歸」、「若遺」（若不足），但以老子的深遠智慧，自然明瞭他的生命不曾遠離大道的整體性，也就是以「道」為依歸，生命飽滿無所缺欠，只不過安靜不炫耀，所以「若無所歸」、「若遺」（若不足）罷了。

老子雖然處處顯現與眾不同的生命氣質，不過，由於不刻意張揚，不在不適當的時機引人注意，因此，仍然是實踐了四章「和其光，同其塵」。

雖然屢屢自稱愚鈍，但老子仍自我肯定：生命寬廣如大海，自由如高空之飄風，不被俗情繫縛。這就是前述之「荒兮其未央」，生命廣遠沒有盡頭。

大眾都自認是智者，以為牢牢抓住智，便可遠離愚。實則互為對照的「智愚」一體不可分，大眾抓住智的同時，也牢牢抓住愚。反之，老子屢屢自稱愚鈍，即是不迴避愚，那麼也就不曾遠離智，誠然是明瞭「道」整體義理的智者。另外，老子自稱之「愚」，並非常識之愚。例如老子「無為」，順應自然，順應萬物的性質，沒有自己的意見，也不強求在整體中顯現任何獨特性，不同於大眾總是有自己的意見、總是以智巧強求在整體中占有獨立突出的位置。故知老子之「愚」最貼合自然，也就是順應萬物自然的性質，而非常識之愚。

二十一章

恍惚的「道」是否真實存在？如何了解它的真實性？

孔德之容，惟道是從。

「孔」：大。「德」可藉《淮南子．齊俗篇》「得其天性謂之德」來了解，指天性本質。「容」有二意：（一）表現；（二）動，指運作。「惟」：只。「惟道是從」即「惟從道」。天性淳厚的大德，他的表現或運作，完全體現著「道」。

道之為物，惟恍惟惚。惚兮恍兮，其中有象。恍兮惚兮，其中有物。窈兮冥兮，其中有精。其精甚真，其中有信。

「惟」：語氣詞，不具特殊意涵。「兮」：語助詞，不具特殊意涵。「窈」：深遠。

「冥」：暗。「精」：細微，指一切存在物的原質。「信」：驗證，指可以相信。

「道」的存在，是恍恍惚惚。惚惚恍恍啊，其中有形象、物象。恍恍惚惚啊，其中有存在物。深遠幽暗啊，其中有精微的原質。精微的原質非常真實，可以驗證，足以相信。

十四章曾說明「惚恍」是不斷流動變化，不確定，不固定的混融。若勉強描述則為：若無似有，非無非非無；虛不離實，非虛非實。本章「恍惚」的意涵，同於「惚恍」。

由於人類的視覺對於「窈」之深遠、「冥」之昏暗、「精」之細微，皆無從辨識其內涵，所以本章即是指出：人們無從以感官對恍惚的「道」進行認知，然而這並不影響「道」存在的真實性。

自古及今，其名不去，以閱眾甫。吾何以知眾甫之狀哉？以此。

「名」指道的名稱，不過，道的名稱只是老子勉強命名而已，所以「其名不去」是指道的存在不去。「閱」：觀察。「甫」：始。「眾甫」指萬物之始。

由古至今，「道」一直存在著，依據它可觀察萬物的本源。我如何知曉萬物本源是什麼狀態呢？就是依據「道」。

「眾甫」（萬物的本源）由古始發展至現今的萬物，是一不可切割的連續性整體。所以，人們可由現今的萬物追溯至古始的「眾甫」，因此老子記載為「以閱眾甫」。換言之，立足大道的整體性，則可由「今」之萬物了解「古」之「眾甫」；這就是不割裂的整全大道「不去」的明證。以此，則可再進一步了解上述「甚真」、「有信」均非虛言。

二十二章

相反的兩方，是否絕不相關？是否唯有自我表現，才可能獲益？

曲則全。

「曲」：角落，指部分。

部分即為全體。

這是指部分與全體不可切割，所以由「曲」之部分，即知「全」之整體。亦即「曲與全」是「一」，是「整體」。

枉則直。

「枉」：彎曲。

彎曲即為直。

這與常識的想法恰好相反，常識以為二者互斥不並存。在此可藉數學之微積分來了解：曲線中的任一點，若以微分計算其斜率，即成為直線之數學公式；因為曲線之方程式是二次方程式，微分之後，成為一次方程式；一次方程式在數學上即代表直線。另外，也可藉地平線來了解：地平線是直，但無限向前延伸，因為地球為「圓」，所以必定回到原點，而成為圓之曲線；也就是「直」成為「枉」之彎曲。由此即知「枉則直，直則枉」。「枉與直」是「一」，二者同存並在，是「整體」；常識以為二者互斥不並存，則是觀察未盡透徹。

窪則盈。

低窪凹陷即為盈滿。

這是指凹陷的低窪處，由於虛空，故可盛水，以至於盈滿。小自水窪，大至海洋，莫不如此。故知「窪（虛）與盈（滿）」是「一」，是「整體」，不是常識所說的互斥對立狀態。

敝則新。

「敝」：舊。

舊即為新。

任何敝舊之物，必由「新」變化而成現今之「舊」。所以觀察若不侷限一隅，而是察見完整的全貌，便知「敝與新」是「一」，是不可切割的整體在流動變化中所呈現的不同面相罷了，並不是常識所說的互斥狀態。

雖然常識認為「部分與全體」、「彎曲與直」、「虛與滿」、「舊與新」互斥對立，但是老子指出它們的真實情狀是同存並在，是不可切割的整體。

少則得，多則惑。

「少」可藉上述的「曲、枉、窪、敝」為例；「多」則可藉上述的「全、直、盈、新」為例。

只取少許，也就是取「曲、枉、窪、敝」，則可真實獲得，獲得「全、直、盈、新」；貪多，也就是貪取「全、直、盈、新」，反而得到「曲、枉、窪、敝」，遂產生疑惑。

這是因為「曲與全」、「枉與直」、「窪與盈」、「敝與新」是不可切割的整體，是「一」；故取「此」得「彼」，取「彼」則得「此」；但是大眾不了解整體義理，貪取「多」，卻得到「少」，遂有疑惑與不解。

不過，在此不宜僅只停留在文字字面，不可誤以為「多」必然不好，也不可誤認「少」必然好；實則「道」以順應自然的無為法則運作，當為則為，不當為則不為，不呆滯任一隅落。故知本章是提醒讀者，不應有執著的意念與行徑，否則不論執著的是什麼狀態，都將有「惑」。反之，順隨整體自然的流動，無所偏執，則可隨處逢源，「得」而無「惑」。

是以聖人抱一為天下式。

「一」指整體。「式」：法則、典範。

聖人不同於大眾，懷抱整體的智慧，故成為天下的典範。

這是指聖人明白「曲與全」、「枉與直」、「窪與盈」、「敝與新」是不可切割的整體，了解眼前事態無論是「曲、枉、窪、敝」或「全、直、盈、新」，都是整體所呈顯的不同面向罷了，都未曾遠離整體；因此，既不執著也不排斥任何狀態，大度包容，所以是天下的典範。不過，在此或許可由另一面向來了解：胸懷整體的聖人，融入渾全大道，由於「道」涵藏包容萬物，所以聖人也就呈現與「道」相同的無所排斥；以此則知，大度包容的主體是「道」，聖人則是體現「道」。

不自見故明。

「見」：現，指表現。

不自我表現，反而鮮明的被看見。

這是指不炫耀的聖人，初期雖不引人注目，但他的能力終將為人所知，且受到讚揚而具有明亮光采。這印證互為對照的兩方是無從切割的整體，雙方相互流通；亦即「不自見」雖然並不光鮮明亮，但「不明」與「明」無從切割，必向不可切割的「明」流動變化。

不自是故彰。

不自以為是，反而更加獲得彰顯。

這是指不自以為了不起的聖人，他的優點最初雖不特別彰著，但終將為人所知，受到稱許而彰顯。本句與前句相同，也印證互為對照的兩方是無從切割的整體，雙方相互流通；亦即「不自是」雖然並不特別彰顯，但「不彰」與「彰」無從切割，必向「彰」流動。

不自伐故有功。

「伐」：誇耀。

不自誇，但他的功勞反而更受推崇。

這是指不誇耀功勞的聖人，最初雖不特別引人注意，宛若沒有功勞，但大眾終將發現其功勞而推崇之。本句與前兩句相同，也印證互為對照的兩方無從切割，雙方相互流通；亦即「不自伐」雖然宛若無功，但「無功」與「有功」不可切割，必向「有功」流動。

不自矜故長。

「矜」：矜誇、誇耀。

不自滿矜誇，但他的成就反而長存人間。

這是指不炫耀成就的聖人，最初雖不引人注目，但終將為人發現，且因其不過度自誇，遂使他的成就更加不被忘記而長存人間。本句與前三句相同，也印證互為對照的兩方是無從切割的整體，雙方相互流通；亦即「不自矜」雖不立即產生長期的推崇，但「不長」與「長」無從切割，必向「長」流動。

以上「不自見，不自是，不自伐，不自矜」均指出不過度自我表現，也就是依循順應自然的無為法則，當為則為，不當為則不為，去極端，取中庸，則有理想的發展，印證前文「少則得」並非虛言。

另外，以上所述之「流動」，不可誤以為是將兩方切割之後、再強制兩方流動；反之，兩方本是混融的整體，因整體所具有的流動本質而互通互往。

夫唯不爭，故天下莫能與之爭。

「不爭」有二意：（一）不執著；（二）不相爭；可藉上述的「不自見、不自是、不自伐、不自矜」為例。

因為不執著或不爭，所以沒有任何人可與之相爭。

聖人「不爭」——不自見、不自是、不自伐、不自矜之時，他人誠然無從與之相爭；然而當「不自見、不自是、不自伐、不自矜」流動變化為不可切割的「明、彰、有功、長」時，他人亦無可與之相爭，故言「天下莫能與之爭」。

此外，也可由另一面相來了解：無論當下的處境，在他人看來是「好」抑或是「壞」，聖人都不執著，也都沒有與他人相爭的意念，因此任何人也就無從與之爭。

古之所謂曲則全者，豈虛言哉！誠全而歸之。

「誠」：實。

自古以來的「曲則全，枉則直，窪則盈，敝則新，少則得，多則惑」的敘述，哪裡是虛言假語？實在應該完全歸向它，以它為法則。

這是指以「道」的整體性為依歸，而非僅僅依歸以上六句敘述而已。

二十三章 自然的運行是否一成不變？誰與自然的運行同步？

希言，自然。

「希言」有二意：（一）少言；（二）無言。

少言（或無言）以符合自然。

自然的運行不是以言語即可確切描述，所以無庸多言，而是以順應為前提。

故飄風不終朝，驟雨不終日。孰為此者？天地。天地尚不能久，而況於人乎？

「飄風」：強風。「驟雨」：暴雨。

強風不會持續一個早晨，暴雨不會持續一整日。是誰使得情況如此呢？是天地，天地使強風暴雨的特殊氣象狀態不至於持久不變，何況是人呢？

老子舉飄風、驟雨為例，指出自然的運行並非始終固定一成不變，而是不斷變化，誠然非言語可確切描述，所以上文記載為「希言，自然」。至於人們則須順應自然的變化，採取恰到好處的因應舉措，不宜僵化固執不知變通；若可實踐則是下文之「從事於道者、德者」，未能實踐則是「失者」。

故從事於道者同於道，德者同於德，失者同於失。同於道者，道亦樂得之；同於德者，德亦樂得之；同於失者，失亦樂得之。

「從事」指實踐、順應。「道」指上文之「自然」。「德」可藉《淮南子・齊俗篇》「得其天性謂之德」來了解，即是自然天性，亦指上文之「自然」。「失」：失道失德，指不順應自然。

順應「道」之人，與「道」同步；順應「德」之人，與「德」同一節奏；不順應道、德之人，與無道無德相同。與「道」同步之人，「道」也樂意親近他；與「德」同一節奏之人，「德」也樂於親近他；與無道無德相同之人，無道無德也樂意親近他。

這是指行為順應「道、德」，也就是順應自然，則與「道、德」（自然）同一韻律、節奏、步調，獲得之回報即為符合自然的「道、德」；至於不順應道德，也就是不順應自然，則獲得不符合自然的「無道無德」的回應。亦即「行為與回應」是一體的兩面，二者相應而生，是不可切割的整體。

信不足焉，有不信焉。

這二句曾記載於十七章，在此如果與十七章意涵相同，則是指：誠信不足，旁人就不信任他。不過本章或許是指：對於「道、德」的信任不足，就出現不信，不是同一步調。

如果與十七章意涵相同，這二句則是重複前述之義理，指出「行為與回應」無從切割，亦即作用力等於反作用力；種瓜得瓜，種豆得豆。如果是指不信任「道、德」，也就是不順應自然、失道失德的「失者」，則是未能順應自然的變化，適時採取恰如其分的因應舉動，所以與「道、德」（自然）不是同一步調。

二十四章

處處自我表現之人，是否具有「道」的智慧？是否好處更多？

企者不立，跨者不行。

「企」：跂，指舉起腳跟。「跨」指走路的步伐，故意跨得很大。舉起腳跟，反而站不久。步伐跨得很大，反而走不遠。

這是指舉起腳跟站立，雖然突出，宛若鶴立雞群，但這樣的站立方式違反自然，無法持久，當站不住時，「立」也就自然變化為「不立」。步伐故意跨得很大，雖然獨特而與眾不同，但是這樣的走路方式也違反自然而不能持久，當走不下去時，「行」也就自然改變為「不行」。

具有流動本質的大道，以順應自然為法則，去極端，取中庸，帶動萬事萬物不斷改變。所以「企、跨」的極端舉止，都將在「道」的帶動下，流動變化為符合自然的狀態。此外，以上二句敘述，印證互為對照的兩方是無從切割的整體，雙方相互流通；亦即「企、跨」雖然「特立、獨行」，但是將流轉變化為不可切割的「不立、不行」。

自見者不明。

「見」：現，指表現。

自我表現者，反而不具明亮光采。

這是指自我表現之人，即使有能力，但因過度炫耀，引人反感，終將不再受到讚揚，因此原本擁有的明亮光采，也就流動為「不明」。本句與前兩句相同，也印證互為對照的兩方無從切割，雙方相互流通；亦即「自見」雖製造明亮光采，但「明」與「不明」無從切割，必將流轉為不可切割的「不明」。

自是者不彰。

自以為是者，反而不被表彰。

這是指自我彰顯之人，即使有優點，但因過度炫耀，引人反感，終將不再受到稱許，所以他的優點也就流動為「不彰」。本句與前三句相同，也印證互為對照的兩方無從切割，雙方相互流通；亦即「自是」雖可彰顯優點，但「彰」與「不彰」無從切割，必將變化為不可切割的「不彰」。

自伐者無功。

「伐」：誇耀。

自我誇耀者，反而被認為無功。

這是指自誇之人，即使有功勞，但因過度炫耀，引人反感，終將不再受到推崇，所以他的功勞也就宛若無功。在此不可拘泥於文字字面，不可誤認「無功」是功勞消失，而是「自伐」的極端舉止，必將被「道」帶動，遂產生變化。

另外，本句與前四句相同，也印證互為對照的兩方無從切割，雙方相互流通；亦即「自伐」雖然彰顯有功，但「有功」與「無功」不可切割，必將流轉為不可切割的「無功」。

自矜者不長。

「矜」：矜誇、誇耀。

自我誇耀者，他的聲名反而不長存人間。

這是指自誇之人，即使有成就，但因過度炫耀，引人反感，終將不再被提起，所以他的聲名遂成為「不長」。本句與前五句相同，也印證互為對照的兩方無從切割，雙方相互流通；亦即矜誇者雖然聲名立即散播，頗有長存人間之勢，但「長」與「不長」無從切割，必將變化為不可切割的「不長」。

以上「自見者不明，自是者不彰，自伐者無功，自矜者不長」四句，也都一致指出「自見、自是、自伐、自矜」的極端舉止，在具有流動本質的「道」的帶動下，都將流動變化而不可能長久固定於「自見」的明亮光采、「自是」的自我表彰、「自伐」的有功、「自矜」的聲名長存狀態。

其在道者，曰餘食贅行。物或惡之，故有道者不處。

「餘食」：廚餘、剩飯。「行」：形。「贅行」：贅形，指人體皮膚上多出的贅瘤。「物」指人。「或」：常。「不處」指不為。

以上「企、跨、自見、自是、自伐、自矜」之人，若以道的智慧來看，將稱他們是廚餘、贅瘤。人們總是厭惡廚餘、贅瘤，所以悟道的智者不做出這樣（企、跨、自見、自是、自伐、自矜）的舉動。

悟道者具有與「道」相同的流動特質，並且依循順應自然的無為法則，當為則為，不當為則不為，去極端，取中庸；所以不出現本章所指不符合自然的過度極端之舉止。

二十五章

「道」有哪些性質？人的性質與「道」有何異同？

有物混成，先天地生。

有一個渾然一體的存在，在天地出現之前就存在了。

雖然「道」不是一個物質，但它確實存在，故可暫且稱它為「物」。由於它是渾沌不可切割的整體，故可藉「混成」描述之。也由於它是渾沌，而渾沌先於一切的名相與分別，所以老子說它在天地的名相與分別形成之前就已存在。

不過，立足「道」的整體性，則知「道與天地萬物」是無從切割的整體。因此，「道與天地」並無先後之可言。至於「天地」亦為不可切割的整體，亦無分別之可言，只不過是天地之中，諸多存在物呈現「物相」上的分別罷了。

寂兮寥兮，獨立而不改。

「寥」：空無形。

寂靜無聲啊，空虛無形啊，它是獨立的存在而且不改變。

這是指人們無從以感官的聽覺、視覺對「道」進行認知。「獨立」是指沒有任何一個存在物與它相對立，這是因為「道」涵容萬物，沒有任何一物在「道」之外，因此無物與它對立，它是獨立的存在。

一章曾說明，天地之中，一切皆不斷地改變，然而「變」卻是不曾改變的恆常法則；老子揭示的「道」，就是因為始終不斷地改變，因此是恆常不變的「常道」。所以在此即可了解「不改」，就是指「道」不斷地改變，所以是「不改」不變。

周行而不殆，可以為天下母。

「周」：遍。「殆」：止息。

「道」的運行，循環往復，周遍一切，而且不止息，可做為天下萬物的母體。

這是指「道」運行的軌迹是無始無終，不停往返運作，因此可藉「圓」做為了解的線索。由於不止息的運行，在不同的狀態中流動變化，所以也就不斷的改變，亦即上文之「不改」。

吾不知其名，字之曰道，強為之名曰大。

「字」：命名。「強為之名」的「名」有二意：（一）取名；（二）形容。

我不知曉它的名稱，將它命名為「道」，再勉強取一個名稱為「大」；或勉強形容它為「大」。

大曰逝，逝曰遠，遠曰反。

「曰」：則。「逝」：行。

「大」將運行，走向遠方，而又返回原初。

這是指「道」並非呆滯不動的「大」，而具有流動的特質。它流動運行的軌迹，可藉「圓」來了解，如此循環不已，即為「周行而不殆」。

不過，更進一層而言：「道」是無始無終，不停循環往返的運作，故並無「起點、遠方、原初」之可說。

故道大，天大，地大，人亦大。域中有四大，而人居其一焉。

「域」：界，指存在界。

「道」是大，天是大，地是大，人也是大。存在界有四大，而人是其中之一。

這是指天、地、人，均與「道」具有相同的性質，都是「大曰逝，逝曰遠，遠曰反」。亦即指出天、地都是「圓」。人的存在也是「圓」，人類由「無生」變化為「生」，而又將再次變化為「無生」，也是復返本初。實則，不僅人類具有與「道」相同的性質，蟲魚鳥獸、草木萬物也都具有相同的性質。

此外，也可由另一面向來了解：由於人類、蟲魚鳥獸、草木萬物都存在「道」之中，與「道」是不可切割的整體，所以也都呈現與「道」相同的性質。因此，不僅人是「大」，萬物也都是「大」。

人法地，地法天，天法道，道法自然。

人以地為法則，地以天為法則，天以「道」為法則，「道」以自然為法則。

「自然」指性質、本質。例如「道」之所以如此，是其性質使然，也就是「道」的自然；人類、蟲魚鳥獸、草木萬物，之所以如此呈現，也都是與生俱有的性質使然，亦即萬物的自然。

因此「道法自然」是指「道」以它的性質為法則。由於天、地、人、萬物，都是渾全大道中不可切割的一分子，也都具有與「道」相同的性質，所以也可稱「道法自然，法天，法地，法人，法萬物」。換言之，在天、地、人、萬物中，均可見「道」；「道」與天、地、人、萬物，相互連通，不可切割。

二十六章 穩重抑或輕浮，是治國者的理想行止？

重為輕根，靜為躁君。

「君」指主宰。

穩重是輕浮的根本，安靜是躁動的主宰者。

有鑑於互為對照的兩方，相互流通，本是無從切割的整體；故知互為對照的「重與輕」、「靜與躁」並存於生命中，不可能消滅一方，另一方獨存。因此，理想狀態是以「重與輕」、「靜與躁」的整體待命，隨機應變，適時流動，以使行為恰到好處。只不過人們容易偏向輕浮與躁動，並且趨向極端，以致不能適時向穩重與安靜流動，失去「重與輕」、「靜與躁」的持平。因此這二句敘述雖然看似推崇「重與靜」，但老子的義理並不僅止於字面，而是呼籲人們不可過度偏頗於輕浮躁動，必須不離「重與靜」。

是以聖人終日行不離輜重，雖有榮觀，燕處超然。

「輜重」：軍隊運送器械糧食的車輛，載重甚大。「榮觀」指豪華的生活享受。「燕處」：安居。

有智慧的國君外出，行為穩重，如同不曾遠離載重甚大的輜重。至於家居，雖有豪華的生活享受，但是安居平穩，超越於華麗的享受之上，不受誘惑。

三章、十二章均曾說明人人皆是血肉之軀，皆須物質供養以延續生命，因此物欲不可能斷絕而必然與生命並存；理想狀態是本於自覺適度節制物欲。只是國君由於身處高位，生活豪華，更不容易落實適度節制；因此老子指出如果具有高度自覺，可恰如其分的節制物欲，並且穩重自持，則為理想的國君。

奈何萬乘之主，而以身輕天下。輕則失根，躁則失君。

「乘」：一車四馬。「萬乘」：擁有萬輛兵車的大國。

令人感慨的是，擁有萬輛兵車的大國國君，行為輕浮躁動，誠然不足以治理天下。因為輕浮便失去了穩重的根基，躁動則失去主宰者的超越性。

過度輕浮與躁動，由於趨向極端，其後果不僅僅是失去「重與輕」、「靜與躁」的持平，也將一併失去上位者所具有的超越性。

二十七章

「有與無」互斥抑或互通？排斥不善，對「善」是否有益？

善行無轍跡，善言無瑕讁，善數不用籌策，善閉無關楗而不可開，善結無繩約而不可解。

「轍」：車輪輾地留下的痕跡。「瑕讁」指瑕疵。「籌策」：計算的工具，亦即籌碼。「關楗」：門的栓梢，橫為關，直為楗。「繩約」：繩索。

擅長駕車行駛者，地面沒有車輪輾過的痕跡。擅長言談者，說話沒有瑕疵。擅長計算者，不使用籌碼。擅長關門者，不使用門栓，他人卻無法開啟。擅長捆綁者，不使用繩索，他人卻無法解開。

以上五句，除了第二、三句，較易了解；但是第一、四、五句，則令讀者感到驚訝與費解。首先看第一句，試想：凡走過，必留下痕跡；那麼老子何以寫下與常情不符的敘述？

一章、二章、十一章均曾說明「有與無」同存並在，是不可切割的整體；故在此不宜僅只停留在文字表面，而應穿過文字，以「有即是無，無即為有」的整體性來了解。亦即車輪輾地雖有痕跡，但是通達整體智慧的善行者，視「有轍跡」即為「無轍跡」，將「有」翻轉為「無」；其思考靈活，不被常識認為的「有／無」對立所拘泥。此外，也可由另一面相來了解：車輪輾地雖有痕跡，但是地表則為「有轍跡與無轍跡」並存，所以胸懷整體者，既見「有轍跡」亦見「無轍跡」，故可言「有轍跡」，亦可言「無轍跡」；無論其如何敘述，均不離「有轍跡與無轍跡」之整體。

再看第四句，由於「有與無」不可切割，故第四句與第一句的義理相同，「無關楗」即為「有關楗」，所以他人無法將門開啟。

再看第五句，其義理與第一、四句相同，亦即由於「有與無」不可切割，故「無繩約」即為「有繩約」，所以他人無法將捆綁解開。

然而，以上五句敘述是否尚有再進一層的深義？本書暫不討論，留予讀者思考。或許老子藉著以上敘述，敦促讀者反思是否不執著文字字面，是否具有穿過文字的思考力，是否通達整體義理。

是以聖人常善救人，故無棄人；常善救物，故無棄物；是謂襲明。故善人者不善人之師，不善人者善人之資。不貴其師，不愛其資，雖智，大迷，是謂要妙。

「襲明」指具有道的智慧。「資」：借資，指借鏡。「貴」：尊敬。

聖人總是以善幫助人們，所以無任何一人被放棄；聖人總是以善協助萬物，所以無任何一物被拋棄。這稱為「襲明」具有道的智慧。因為聖人了解善人是不善人的老師，不善人是善人的借鏡。如果不善人不尊敬老師（善人），善人不愛護借鏡（不善人），那麼他們雖然自以為聰明，但卻是嚴重的迷惑。這稱為「要妙」至極深奧的智慧。

關於「善、不善」，二章曾說明人人皆以自然天性存活於天地之間，天性中好逸惡勞、趨吉避凶的本能，若不適度節制，必將產生損及他人的舉動；然而，與其指責損及他人的舉動是「不善」而排斥之，不如喚醒行為者的自覺，使其以自覺適時節制不當的舉動，進而逐漸呈顯自然天性中的「善」。

聖人了解互為對照的兩方是無從切割的整體；亦即明瞭互為對照的「善與不善」相生

相倚，不可能消滅一方，另一方獨存。所以大度包容，對不善人一如善人，不予排斥而是接納，如此則可引導「不善」逐漸呈顯天性中的「善」，進而降低「善與不善」的對立。然而常識則是不斷進行「善與不善」的分別，取善而棄不善，使兩方對立的態勢，更形尖銳。

此外，遭社會大眾認為不善者，通常是「不貴其師」；然而社會中的善者，卻又是「不愛其資」，各自有其偏廢。理想狀態則是互為其師，而且互為其資，不離大道的整體性。聖人即是以不割裂的整體智慧，不僅「貴其師」而且「愛其資」，無所偏廢，所以可完整照顧全體。

二十八章 做為天下的通路與典範，是否有所排斥？抑或大度包容？

知其雄，守其雌，為天下谿。

「守」：持守，指不離。「谿」：蹊、徯，指通路。

了解雄性的陽剛勇猛，然而不離雌性的安靜溫柔，成為天下的通路。

這顯然與常識不同，常識認為「雌／雄」對立互斥，必定選取「雄」之陽剛，捨棄「雌」之溫柔，偏執一端。二章曾說明，互為對照的兩方是無從切割的整體；所以老子並不偏頗任一隅落，不僅知「雄」且知「雌」，了解互為對照的「雄與雌」不可切割，因此融「雌雄」於一懷。亦即懷抱「雄與雌」混融的整體智慧，以整體待命，視時機需要，可適時由「雌」流動為「雄」，或由「雄」流動為「雌」。換言之，大道有時表現為「知其雄，守其雌」，但有時亦表現為「知其雌，守其雄」，或「知其雌雄，守其雌雄」，往來自如，無所阻滯，故為天下的通路。

為天下谿，常德不離，復歸於嬰兒。

「常德」指與生俱有的天性本質。「嬰兒」有二意：（一）無所執著；（二）與其他存在沒有對立。

做為天下的通路，不曾遠離與生俱有的天性本質，重返嬰兒一般沒有偏執；或沒有對立的和諧生命內涵。

知其白，守其黑，為天下式。

「黑」指不白、不明亮。「式」：法則、典範。

了解潔白明亮，然而不曾遠離並不潔白明亮的暗處，成為天下的典範。

「知其白，守其黑」的義理與「知其雄，守其雌」相仿。亦即常識認為「白（明）／

黑（暗）」互斥，必定偏執「白」之明亮，排斥「黑」之晦暗。然而互為對照的「白（明）與黑（暗）」本是無從切割的整體，例如：地球受太陽照射，必然是一半為明，另一半為暗，亦即明暗並存，不可能將黑（暗）消滅、使白（明）獨存。因此本章指出以整體智慧，兼容並蓄，既不執著「白」（明），也不排斥「黑」（暗），不離大道的整體性，故為天下的典範。

此外，「知其白，守其黑」的記載，如果敘述為「知其黑，守其白」或「知其黑白，守其黑白」，後二者同樣傳達對於「白與黑」皆無所偏執的意涵，與前者並無差異。

為天下式，常德不忒，復歸於無極。

「忒」：差錯。

做為天下的典範，與生俱有的自然本性不產生差錯，可回歸無有終極之境。

這是指以整體待命，可適時由「白」（明）流動為「黑」（暗），亦可由「黑」（暗）流動為「白」（明），沒有「白（明）／黑（暗）」的對立、切割；隨機應變，流動不已，因此無所終窮。

知其榮，守其辱，為天下谷。

「辱」指不榮耀，屈辱。

了解榮耀光采，然而不曾遠離並不榮耀光采的屈辱之處，成為天下的河谷。

「知其榮，守其辱」的義理與「知其雄，守其雌」、「知其白，守其黑」相仿。亦即常識認為「榮／辱」互斥，必定偏執「榮」之光采，拋棄「辱」之卑屈。然而老子了解互為對照的「榮與辱」是無從切割的整體，因此以整體智慧，兼融「榮辱」於一懷，既不偏執「榮」，也不排拒「辱」，所以成為天下的河谷，呈現大道的整體性。

在此，「知其榮，守其辱」的記載，如果敘述為「知其辱，守其榮」或「知其榮辱，守其榮辱」，後二者也傳達與前者相同的不偏執一端的意涵；亦即後二者並不違背老子的義理。

為天下谷，常德乃足，復歸於樸。

「樸」：未經雕琢切割的完整原木。

做為天下的河谷，與生俱有的自然本性完足而無減損，重返「樸」一般未割裂的整全生命狀態。

樸散則為器，聖人用之則為官長。

「之」指樸。

「樸」是未經切割的完整原木，若經切割分散，製造為各種器物，則供人們使用；但是有智慧的聖人則是使用未割裂的整全之「樸」，亦即運用整體的智慧，因此成為人間的首長。

此外，也可由另一面向來了解：聖人明瞭各種器物，雖然看似業已切割而各自分立，但是立足於「樸」以及大道的整體性，則知它們仍為不可切割的整體，故可啟發人們不離整體，因此而成為人間的首長。

故大制不割。

「大制」有二意：（一）大道；（二）指「大治」，完善的政治。大道的運行與呈現，即為不割裂的整全；或完善的政治不割裂，不分彼此界線，無不包容。

不割裂的大道，也就是前述兼容並蓄，無所排斥的「知其雄，守其雌，為天下谿」、「知其白，守其黑，為天下式」、「知其榮，守其辱，為天下谷」。

二十九章

不順應自然的強行有為，可否取得天下？

將欲取天下而為之，吾見其不得已。

「取」指治理。「為」指有為而非順應自然的無為。「已」：語氣詞，不具特殊意涵。

想要以有為的方式治理天下，我看他無法達到目的。

執著自我的意念來治理天下，而非依循順應自然的無為前提，則無法長久得到天下。反之，若是依循順應自然的無為法則，以整體待命，當為則為，不當為則不為，則可使天下長治久安。

天下神器，不可為也，不可執也。為者敗之，執者失之。

「神器」：神物，指極為貴重之存在。「之」指天下。

天下是極為貴重的神物，不可以有為的方式來治理，不可把持控制。有為者將敗壞天下，把持控制者將失去天下。

這印證互為對照的兩方是無從切割的整體，雙方相互流通；亦即「執」與「不執」無從切割，必將流轉變化為不可切割的「不執」，也就是失去天下。

故物或行或隨，或歔或吹，或強或羸，或培或隳。是以聖人去甚、去奢、去泰。

「物」指人。「或」：有。「歔」：出氣緩，指性情和緩。「吹」：出氣急，指性情急切。「羸」：弱。「培」：增益，指成功。「隳」：毀壞，指失敗。「甚、奢、泰」指過度、極端、偏頗。

天下之人，有的傾向積極前行，有的傾向跟隨在後；有的傾向性情和緩，有的傾向性情急切；有的性格傾向堅強，有的性格傾向柔弱；有的傾向成功，有的傾向失敗。因此，治理天下的聖人，應去除過度、極端、偏頗的施政舉措。

天下人各有不同的特質，所以國君施政不可偏頗任一隅落，必須觀察全體，照顧全體，順應民眾的自然本性，而且必須引導各自有「行、隨、歔、吹、強、羸、培、隳」偏向的民眾，不可趨向極端，而應去除過度的偏執，以保有持平的生命內涵。

上述「不可為、不可執」即是「去甚、去奢、去泰」。另外，通常學者均認為本章敘述治國之道，亦即治理國家以順應自然為前提；不過，或許也可了解為這是老子以治國為例，說明順應自然之義理。

三十章

什麼是「戰爭」一體兩面的另一面？「道」是否排斥壯大？

以道佐人主者，不以兵強天下，其事好還。師之所處，荊棘生焉。大軍之後，必有凶年。

「強」指逞強。「好」指容易。「還」：還報，指報應。「師」：軍隊。「凶年」：荒年。

以「道」的智慧輔佐國君之人，不以軍事力量逞強於天下，因為戰爭這類的事情，必將遭到報應。軍隊停留之處，長出荊棘。戰爭過後，必將發生飢荒。

老子和盤托出，指出戰爭一體兩面的性質；亦即發動戰爭，攻城掠地，看似頗有斬獲，然而必有相應而生的另一面。例如：戰爭使壯丁大量死傷，以致無人下田耕作，故田地長出荊棘而非農作物，沒有農作物的收成，遂有荒年。「還」之還報，亦是指出作用力必然同時產生反作用力，它們是不可切割的整體。

善者果而已，不敢以取強。果而勿矜，果而勿伐，果而勿驕，果而不得已，果而勿強。

「果」：目的，指勝利。「矜」、「伐」均指誇耀。

善於用兵者，只求達到目的，不以兵力逞強。達到目的而不矜誇，達到目的而不誇耀，達到目的而不驕傲。達到目的，但卻是不得已，達到目的而不逞強。

這是指不得已的被動應戰，並非主動的發動戰爭，而是抵抗它國侵略，為保護本國民眾身家性命安全，不得已而應戰。不可「矜、伐、驕」則是因為任何過度與極端，均背離「道」恰如其分、不執著的流動本質。

此外，也可由另一面向來了解：在戰爭中達到目的，雖然看似獲得勝利，但是必有相應而生的後續，只是目前尚未顯現罷了，所以「果」（勝利）也不可強求。

物壯則老，是謂不道，不道早已。

「已」：結束，指死亡。

事物壯大，則趨向衰老，這就叫做不合乎「道」，不合乎「道」很快就將消逝結束。

老子在此並非指出「盛極而衰」不合乎「道」的運作；反之，「盛極而衰」正是萬事萬物發展的自然法則。只不過大眾過度偏愛壯盛，也都刻意將事物推展至壯盛，並且竭力執著於壯盛。因此老子指出：如此極端強求與執著的舉動，背離「道」順應自然以及不執著的流動本質，所以不但無法長期持續，反將自促消逝。亦即揭示不可強求戰爭之勝利，而須依循「道」順應自然、當為則為、不當為則不為的「無為」前提。

此外，本章之敘述並不意謂「道」迴避壯盛的最大值。反之，「道」是不割裂的整全，無所不在，無所不至，因此不僅到達最大值，也到達最小值，但因「道」具有不執著的特性，不呆滯任一隅落，而是適時流動，也就不至於僵化。另外，若更進一層而言，以「道」觀之，並無最大值，亦無最小值之可謂；亦即《莊子・秋水》：「以道觀之，物無貴賤」。

三十一章 戰爭是否符合「道」的整體性？戰勝，是「吉」抑或是「凶」？

夫兵者不祥之器，物或惡之，故有道者不處。君子居則貴左，用兵則貴右。兵者不祥之器，非君子之器，不得已而用之，恬淡為上。勝而不美，而美之者，是樂殺人。夫樂殺人者，則不可以得志於天下矣。

「兵」指兵器、武力。「物」指人。「或」：常常，總是。「處」：停留，指執著。「恬淡」指冷靜。「美」指偉大、了不起。

兵器與武力，是不祥之物，人們總是厭惡它，因此有道之士不執著於使用它。君子日常生活起居，以左為尊，但是戰爭用兵時，則以右為尊。兵器與武力，是不祥之物，不是君子所應執著之物，如果不得已而必須使用時，最好是冷靜並且心平氣和。獲得勝利而不以為了不起，如果自以為了不起，就是以殺人為樂。以殺人為樂者，不可能將其意念推展至全天下。

人類與萬物並存於天地之間，本是無從切割的整體。由此可知人與人，國與國亦是不可切割的整體，本無敵我對立之可言。如果人人都明瞭上述整體的本質，則知傷害他人即是傷害整體，也就是傷害自己，那麼誰人將發動戰爭撕裂整體的和諧，造成嚴重失衡以及違反自然的對立呢？可歎世人少有整體的觀察與思考，遂有發動戰爭之錯誤行徑，以及被侵略的國家不得已而必須應戰之舉動。

「勝而不美」是本於自覺，節制行為不趨向過度極端，以免更加偏離和諧、加深對立。「樂殺人」則是無自覺，不知節制，行為過度趨向極端，固執僵化，背離「道」不執著的流動本質，所以必定無法長期持續。

吉事尚左，凶事尚右。偏將軍居左，上將軍居右。言以喪禮處之。殺人之眾，以悲哀立之，戰勝以喪禮處之。

「立」：蒞臨，指對待。

吉慶之事，以左為尊；凶喪之事，以右為尊。所以軍隊中的偏將軍站於左方，上將軍站於右方。這是說作戰應如同喪禮一般來處理。殺人眾多，以悲哀的心情來看待，戰勝應如同喪禮一般來處理。

「以悲哀立之」與「勝而不美」相同，亦是以自覺節制行為，視殺人為極其不得已而且悲傷之事，不因戰勝而進行更多的殺伐與掠奪。明瞭即使戰勝也是違反自然，破壞整體的和諧，也是錯誤之舉，並非喜慶之事，故以辦喪事的心情來面對。

此外，本章記載君子日常起居、吉事「貴左」；用兵、凶事、喪禮「貴右」。有學者指出此項與中原文化相反的記載，是由於老子援引其故鄉楚國的習俗；也有學者指出這是古人認為「左陽右陰」，陽主生而陰主殺之故。不過，無論是上述哪一種解釋，讀者皆不可誤以為「貴左」與「貴右」，相互排斥。因為以「道」觀之，「左右」是不可切割的整體，並無互斥對立之可言，所以不宜僅只停留在文字表面，而應以「左右」一體不可分的整體性來思考。亦即了解本章仍然是指出：依循大道順應自然的「無為」前提，當為則為，不當為則不為，當「貴左」則「貴左」，當「貴右」則「貴右」。

三十二章

萬物是否由於「名」不同，遂各自獨立、絕無關連？

道常無名，樸。雖小，天下莫能臣也。侯王若能守之，萬物將自賓。

「常」：不變。「樸」：未經雕琢切割的完整原木。「小」指道不可見。「賓」：服，指歸附。

「道」是常，也就是不變。它無名；它是樸，是不割裂的整全。它雖然小，但是天下無人可命令「道」臣服於己，無人可指使「道」；反之，天下萬物皆依循「道」的法則而存在。因此侯王若能秉持「道」，萬物將自然前來歸附，也就是依歸於「道」。

「道」之所以不變，是因為它不斷地變化，因此它是不變的。由於它不斷變化，無從以語言文字指稱，所以它「無名」；至於「道」的名稱，則是老子勉強給予的指稱罷了。

由於人類無從以視覺察見「道」，故可稱它是小，但是「道」遍在天下，無所不在，所以也是「大」。

天地相合，以降甘露，民莫之令而自均。

天與地相互搭配運作，因此降下雨水，無人對雨水給予任何命令，但是雨水潤澤大地，卻是自然達到均衡狀態，萬物皆受滋潤。

始制有名，名亦既有，夫亦將知止，知止所以不殆。

「止」指節制。「殆」指困境。

最初人們以語言文字創設「名」，以用來指稱萬物，既然已經有了「名」，那麼就應適度節制對於「名」的使用，對「名」予以節制，也就不至於陷入困境。

之所以對「名」應該予以節制，至少有兩項原因：

（一）一章曾說明：語言文字不等於「真實」，僅僅指向「真實」，所以讀者必須自行由語言文字跳躍至「真實」；亦即以語言文字創設的「名」，不等於「實」，而只是指向「實」，有其侷限性。所以重要的是：由「名」到達「實」，了解「實」，而不是停留在「名」，不是無止盡的使用「名」。

（二）創設各自分立、不同的「名」，使人們產生一種錯覺，誤以為各自分立的「名」也就表示萬有可以切割、各自獨立。實則，人類賦予萬有各自分立的不同之「名」，只是方便指稱，並不表示萬有可以切割、各自獨立，萬有都是天地整體中的一分子。例如：上文「天地相合，以降甘露」，「天」與「地」是人類創設的兩個不同之「名」，但是它們相互搭配運作，因此降下雨水，它們是無從切割的整體，並不因為人類創設不同之「名」，便使「天與地」各自獨立。又例如：植物、動物都必須存活在空氣中，「植物、動物與空氣」是無從切割的整體，並不因為人類創設「植物」、「動物」、「空氣」這三項不同之「名」，便使「植物、動物與空氣」可以切割、各自獨立。

如果了解以語言文字創設的「名」，有其侷限性，而且不免產生誤會，因此對於「名」的使用，適可而止，並且隨時警醒不可僅僅停留在「名」，而須跳躍至「實」，以免遠離「整體」。如此，不離整體，與「道」同在，也就「不殆」不至於陷入困境。

譬道之在天下，猶川谷之於江海。

「道」在天下，如同河川河谷與大江大海的整體性。

「道」在天下，乃無所不在，「道與天下」是無從切割的整體，並不因為「道」與「天下」的「名」不同，二者便可切割。正如同河川河谷之水，均流向大江大海，「川谷與江海」也是無從切割的整體，二者無主從之別，亦不因「名」不同，便可切割。

三十三章

何謂明智？強人？富有？立志？長壽？

知人者智，自知者明。

了解他人是智者，了解自己則有「明」的智慧。誠實面對自己，對自己的了解到達清澈透明的狀態，則如同日、月具有明光，此明光如鏡，可鑑照他人。亦即「自知」是「知人」的基礎，二者是一體的兩面。換言之，「明」並不僅僅是自知，而是兼具「自知與知人」的智慧。

勝人者有力，自勝者強。

以氣力勝過他人，是「有力」。「自勝」是自我超越，這是真正的強者。

例如：受到不合理的待遇，情緒憤怒，立即凶狠的反擊，令對方知道自己的厲害，這是「有力」；但是如果冷靜下來，不以憤怒的情緒處理眼前事態，而是以智慧超越情緒，思考恰當的因應對策，使用智慧而不使用氣力，則是如假包換真正的強者，「強」的是智慧。此外，也可由另一面向來了解：「自勝」是超越對於自我的執著，以達「無我」之境，進而依循「道」做為行止之準則。

知足者富，強行者有志。

「強行」：努力實踐。

知足，就是富有。努力實踐，才是立定志向。

知足，則無匱乏感。但是並非向外累積大量的物質與財富，便可使人沒有匱乏感、便可「知足」；反之，必然是向內，將自我安頓得平穩妥當，對自己的生命感到滿意，方才可能沒有匱乏感，也才不至於無止盡地貪婪抓取外物，這是真正富有的知足。此外，也可由另一面向來了解：立足不割裂的渾全大道，了解「我與天地萬物」是不可切割的混融整體，生命充實飽滿，無所欠缺，懷藏如此富有的生命，自然不至於無止盡的貪婪抓取，而是適可而止的知足。

努力實踐，才是志向明確；口說而不實踐之人，並未立志。

不失其所者久，死而不亡者壽。

「所」：根本，指上述「自知、自勝、知足、強行」的智慧。

秉持上述智慧則可長長久久地存活，雖「亡」但卻如同「不亡」，可稱為長壽。

「死而不亡」也就是「亡而不亡」，超越死亡。之所以可能超越死亡，乃因立足大道的整體性，了解「生命與天地萬物」一體不可分，縱然血肉之軀的呼吸、心跳停止，但是並未遠離整體，而且整體長存，所以生命仍然順隨整體的流動，變化無已。換言之，在整體中，死亡並不存在，生命與天地萬物並存，不曾滅失，故為長壽。又例如：秉持上述「自知、自勝、知足、強行」的智慧，則生命必有創造性的建立，因此永遠被世人記憶，永遠有人們追隨，所以其生命超越死亡，雖亡而不亡，長存人間，故可稱為長壽。

三十四章 「大道」何在？它是否固定於「大」？

大道氾兮，其可左右。

「氾」指廣泛。

大道廣泛流播，它可在左也可在右。

這是指「道」具有流動的特質，無所不至，無所不在，它不僅「可左右」，也「可上下、四方」。

萬物恃之而生而不辭，功成不名有。衣養萬物而不為主。

「恃」：倚。「辭」有二意：（一）主宰；（二）言說。「衣養」：養護。

萬物倚賴它而生長，但是道卻不主宰萬物，或是不刻意有言。雖然成功但不居功。養護萬物但不宰制。

常無欲，可名於小。

「無欲」有二意：（一）無私；（二）不執著。「於」：為。總是無私（或不執著），可稱做小。

「道」依循順應自然的「無為」準則，總是順應萬物的天性本質，所以是無欲無私；也就因為無欲無私，所以宛若並不存在，因此無物小於它，故可稱為「小」。

此外，也可由另一面相來了解：三章曾說明過度的欲求源自執著，若無執著則無過度之欲。有鑑於「道」具有不執著的本質，所以它「無欲」，不貪婪抓取，故可稱做「小」。

萬物歸焉而不為主，可名為大。

萬物都歸向它，但道卻不做主宰者，可稱做大。

「道」總是順應萬物之自然，而不主宰萬物，所以是「不為主」。「道」涵容萬物，無物大於它，所以可稱做「大」。與前文併觀，則知本章指出「道」雖小而大；亦即它並不固定於「小」，也不停滯於「大」，具有不呆滯的流動特質。

以其終不自為大，故能成其大。

因為它從不自以為大；或不做出大的舉動，所以能夠成就它的大。

「為」有二意：（一）以為；（二）做。

這印證互為對照的兩方是無從切割的整體，雙方相互流通；亦即「不自為大」就是「不大」（小），但它與「大」無從切割，故將流轉變化為「大」。另外，此一記載再次彰顯「道」的流動特質，也就是由「不大」流動為「大」；至於上述「其可左右」，則是由「左」流動至「右」，由「右」流動至「左」；前後併觀，「道」的流動特質，亦是前後呼應。

三十五章

物質享受抑或「道」的智慧，可成就理想人生？

執大象，天下往。往而不害，安平太。

「大象」指大道。「往」：歸往、來歸。「安」：於是。「太」：泰。

秉持大道，天下人都來歸附。都來歸附而不受傷害，於是平和安泰。

由於「道」與萬物是不可切割的整體，所以人們自然來歸。人人都在「道」之中，行為舉止皆依循「道」不執著的本質，則可靈活不執著的安頓現實生活中的種種事務，進而使生命擁有深厚的安定與平穩；如此，則為千金不換的理想人生。

樂與餌，過客止。道之出口，淡乎其無味。視之不足見，聽之不足聞，用之不足既。

「餌」指美食。「道之出口」有二意：（一）以言語說明「道」；（二）即為六章「玄牝之門，是謂天地根」，指「道」的根本。「既」：盡。「不足既」指無窮盡。

音樂與美食，可吸引過客停下腳步。但是以言語說明「道」；或是「道」的根本，卻是淡而無味。看它卻看不見，聽它卻聽不到，運用它卻是沒有窮盡。

音樂與食物的聲光色相、滋味，刺激並滿足人們的感官欲求；但是「道」沒有任何刺激感官的甜美包裝，它平淡地存在人們的生命中以及人們存活的環境中；只不過，世人通常不曾覺察它的存在罷了。

之所以「不足既」無窮盡，則是因為與「道」同步，當動則動，當靜則靜，可通可轉，無所困限；亦即與「道」同在，所以運作無窮。

三十六章

什麼是人生中「物極必反」的事態？治國者應如何面對之？

將欲歙之，必固張之；將欲弱之，必固強之；將欲廢之，必固興之；將欲奪之，必固與之。

「歙」指收縮、收束。「固」：定。「與」指給予。

想要收縮、收束它，那麼必定先使它擴張；想要削弱它，那麼必定先使它強盛；想要毀廢它，那麼必定先使它興盛；想要奪走它的所有，那麼必定先給予它。

如果僅觀字面，不免以為由「張、強、興、與」著手，陷對方於「歙、弱、廢、奪」之境，是權謀陰險之術。然而若以自然法則做為觀察基準，則知以上敘述指出物極必反的物理法則：「張、強、興、與」發展至極，必向反面變化，轉換為「歙、弱、廢、奪」。這印證互為對照的兩方是無從切割的整體，雙方相互流通。然而常識經常忽略上述物極必反的法則，執著「張、強、興、與」，排斥「歙、弱、廢、奪」，以為「張／歙」、「強／弱」、「興／廢」、「與／奪」互斥不並存；殊不知常識喜愛的「張、強、興、與」，都將轉變為「歙、弱、廢、奪」。所以讀者在此即可明瞭：通常大眾只在面臨「歙、弱、廢、奪」之時，感到震驚，然而本章則是提醒人們，當身處「張、強、興、與」之時，即應戒慎恐懼，審慎因應。亦即老子和盤托出，指出常識未留意的另一面，並非以權謀出發的陰險之策，而只不過是陳述事實罷了。

此外，也可由另一面向來了解：藉著以上舉出的「張及歙」、「強及弱」、「興及廢」、「與及奪」四組事態，老子揭示萬事萬物皆不斷改變，「變」是萬事萬物恆常不變的自然法則。所以讀者必須由此了解「變」與「流動」的必然性，而不只是僅僅了解變動的狀態而已。

是謂微明。

這稱做「微明」，雖然隱微但卻明顯的道理。

以上物極必反的物理法則（或是：「變」的法則），十分鮮明的就在生活之中，但世人卻不了解，宛若此理隱微不可見。

柔弱勝剛強。

柔弱勝過剛強。

這又是一句常識不同意的敘述。在日常生活的經驗中，世人通常注意到的是「剛強勝柔弱」；然而由於互為對照的兩方無從切割，雙方相互流通；亦即「剛強」必向「柔弱」移動，「柔弱」則向「剛強」流動；「勝」必向「負」移動，「負」則向「勝」流動。換言之，沒有永遠的「剛強」，也沒有永遠的「柔弱」；沒有永遠的「勝」，也沒有永遠的「負」。老子仍然是和盤托出，揭示世人未留意的「柔弱勝剛強」，而且於七十八章以水做為例證，指出「柔弱勝剛強」亦存在於經驗世界中，水滴石穿即是明證。

此外，也可由另一面向來了解：順應自然即是「柔弱」，因為沒有自己的意見與執著，只是依循順應自然的無為法則，當為則為，不當為則不為，無所強求，宛若自己消失了，故為「柔弱」。剛強則是不順應自然，執著自己的意念，不當為而為，如此之剛強由於違逆自然，必定無法長期運作。反之，順應自然，與「道」同步，成為「變」的本身，雖是柔弱，但無物較之更剛強，必將勝過不順應自然的剛強。

魚不可脫於淵。

魚不可離開水淵。

亦即「魚與水」是不可切割的整體，一如上述之「張及歙」、「強及弱」、「興及廢」、「與及奪」。

國之利器不可以示人。

「利器」指上述微明的道理。「示」有二意：（一）炫示；（二）出示。

治國的利器，不可向人炫示或出示。

「微明」也就是物極必反（或是「變」）的道理，之所以是利器，乃因世人通常僅留意「張、強、興、與」的一面，未留意「歙、弱、廢、奪」的另一面，故若持微明之法則而用之，則殺傷力甚大；亦即世人將因未留意而受重創，故不可炫示之。

此外，也可了解為：（一）「微明」也就是物極必反（或是「變」）的道理，由於是抽象的法則，所以無法出示於他人。（二）一切存有，包括天地萬物與人類，都在物極必反（或是「變」）的法則之內，亦即人人的生命都具有此項法則，人們自我觀察即可發現，所以無須向他人出示。

三十七章

什麼是「無為」相應而生的另一面？如何因應過度的欲求？

道常無為而無不為。

「常」：不變。「無為」：順應自然，是「道」運作的方式。「無不為」：沒有什麼做不好，是「道」運作的成果，也就是順應自然的成果。

道總是「無為」，呈現沒有什麼做不好的「無不為」的成果。「道」依循順應自然的無為法則，立基「無為與為」的整體，以整體待命，順應萬物的性質，當為則為，不當為則不為，萬物未受干擾，依本性自然的生長發展，遂有「無不為」的成果顯現。

此外，也可由另一面向來了解：二章曾說明，互為對照的兩方是無從切割的整體，雙方相互流通；故知互為對照的「無為與無不為」一體不可分，「無不為」是「無為」相應而生的另一面，它們是不可切割的整體。

侯王若能守之，萬物將自化。

「化」指生長發展。

侯王若能依循上述「道常無為而無不為」的法則，萬物將自然地生長發展。這是指侯王的舉止不離上述法則，亦即順應萬物的性質，當為則為，不當為則不為，協助而非干擾萬物，萬物則將依其本性而自然地生長發展。

化而欲作，吾將鎮之以無名之樸。鎮之以無名之樸，夫亦將無欲。

「欲」兼指過度的欲求與執著。「鎮」：定，指安定、導正。「無名之樸」指道，請參見三十二章。「夫」指萬物。「無欲」兼指節制欲求與不執著。

萬物在生長發展的過程中，如果產生過度的欲求與執著，我將以無名之樸的「道」來導正。以無名之樸的「道」導正，萬物則將不執著、進而節制欲求。

三章曾說明：人生中諸多過度的欲求，皆源自執著，因為執著遂產生過度之欲，若無執著則無之；所以因應的良策不是消滅欲求，而是正本清源的化解執著。因此，老子藉著「道」來引導萬物，這一方面是因為道以「樸」的本質引領萬物回歸於樸；另一方面是因為「道」具有不執著的流動特質，故可導引萬物由執著向不執著流動；亦即引導萬物不陷溺在過度的欲求中，並向適度節制的「無欲」流動。「鎮」即為導正執著與過度的欲求，使萬物回返「道」，再跟隨「道」順應自然的「無為」法則運作。

不欲以靜，天下將自正。

「不欲」即為上述之「無欲」，兼指節制欲求與不執著。「以」：而。「正」指典範。不執著並且適度節制欲求，而成為安靜平穩，那麼天下將自然達到典範一般的理想狀態。之所以「自正」，是因為與「道」同步運作，即是上述之「無為而無不為」，萬物皆如此生長發展，故為理想狀態。

三十八章

人間為何失落不割裂的整全之「道」而出現許多切割、分別？

上德不德，是以有德。

「上」：尚，指推崇、依循。「德」可藉《淮南子・齊俗篇》「得其天性謂之德」來了解，指與生俱有的天性，也就是自然本質。「上德」指推崇、依循自然天性。

推崇天性之人，不自以為有德，所以有德。

依循自然本性之人，亦即依循順應自然的無為法則，立足不割裂的整全大道，當為則為，不當為則不為，無所執著，不刻意追求任何特定狀態，僅是順應自然，因此不自以為有德；但因不離渾全整體之「道」，亦不失落天性之德，是以有德。

下德不失德，是以無德。

「下」：不上，亦即不尚，指不推崇、不依循。「下德」指不推崇、不依循自然天性，也就是後文之「仁、義、禮」。

不推崇天性之人，自以為不曾失德，所以無德。

不依循自然本性之人，雖然刻意追求自己所認為的「德」（亦即後文之「仁、義、禮」），但因執著特定狀態（仁、義、禮），偏離「道」不執著的特質以及順應自然的無為法則，失落「道」的整體性，也失落了天性之德，是以無德。

上德無為，而無以為。

「以」：有心，指居心、目的。「無以為」：無心而為，指行為沒有特別的居心與目的。推崇天性之人依循無為法則，是無心而為。

這是指依循本性之人，立足「道」的整體性，追隨大道順應自然的無為法則，不執著任何特定狀態，沒有特別的居心與目的。

下德為之，而有以為。

「為之」：有為，指行為並非順應自然而是出於一己的意念。「有以為」：有心而為，指行為有特別的居心與目的。

不推崇天性之人，有為而且是有心而為。

這是指不依循本性之人，也就是後文之「仁、義、禮」，行為並非順應自然而是出於一己的意念，有特別的居心與目的，有其執著。

上仁為之，而無以為。

「仁」：愛。

推崇仁愛之人，有為但是無心而為。

這是指崇尚仁愛之人，行為雖非順應自然而是出於仁愛的意念，但是並無一己之私，沒有特別的居心與目的，所以是無心而為。

上義為之，而有以為。

「義」：宜，然而並非順應萬物的自然性質，而是以自己的意念判斷合宜與否。

推崇義之人，有為而且是有心而為。

這是指崇尚義之人，行為並非順應自然而是以他所認定的合宜為準，而且有特別的居心與目的；亦即意圖達成他所認為的合宜。

上禮為之，而莫之應，則攘臂而扔之。

「禮」指禮儀制度。「攘臂」：舉臂。「扔」：拉，指拉入制度之內。

推崇禮之人，有為，而且若未得到回應，則舉起手臂強拉他人就範。

這是指崇尚禮儀制度之人，行為並非順應自然而是以禮儀制度做前導，而且不容許他人在制度之外，力求將大眾都納入制度之內。

「仁、義、禮」都是大道渾全整體中的一部分，本無好壞之可言。然而，若竭力追求並且執著「仁、義、禮」，遂相應有「不仁、不義、不禮」，以致產生對立性，而使道的整體性被遮蔽；同時也將失落「道」不執著的特質以及順應自然的無為本質。理想狀態則是：不離大道的整體性，依循順應自然的無為法則，當為則為，不當為則不為；行仁、義、禮之實，而不存行仁、義、禮之念（請參見十八章）。

故失道而後德，失德而後仁，失仁而後義，失義而後禮。

「道」的整體性被遮蔽之後，則重視「德」的天性。失落「德」的天性之後，則重視仁愛。失去仁愛之後，則重視「義」之合宜。失去「義」的合宜之後，則重視禮儀制度。

「德、仁、義、禮」都是不割裂的整全之「道」的一部分，並無好壞高下之別，如果不離「道」的整體性，則不僅有「道」，也有「德、仁、義、禮」，無所遮蔽失落，則可依隨大道、順應自然，與整體中的萬事萬物恰如其分的互動。

夫禮者，忠信之薄，而亂之首。前識者，道之華，而愚之始。

「前識」指先知先見之人。「華」：花，指表相。

禮儀制度的出現，表示忠信業已衰薄，而且是混亂的開端。以往先知先見之人，只抓取「道」的表相，而且是愚昧的起點。

這是指預見社會將混亂，遂設定種種禮儀規範的先知先見之人，並未掌握道之「實」，只抓住道的外在表相，只是設定外在的禮儀規範以約束人們的行為。反之，若能掌握道之「實」，亦即不僅見表相、也見實質，察見完整的全貌，並且喚醒人們生命內在的自覺，不離整全之「道」，行為依循「道」順應自然的法則，而非完全倚賴外在的規範制度。

是以大丈夫處其厚，不居其薄；處其實，不居其華。故去彼取此。

「大丈夫」指具有道的整體智慧者。「厚」指忠信。「薄」指禮。「去」：去除。「彼」

通常學者都認為指薄、華，「去彼」指「不居薄、華」。「此」通常學者都認為指厚、實，「取此」指「處厚、實」。

大丈夫立身於忠信淳厚，不居於忠信衰薄之境。立身於道之「實」，不居於道的表相。所以捨去薄、華，擇取厚、實。

以上是通常學者們的說解。但是互為對照的「厚與薄」、「實與華」是不可切割的整體，不可能只取「厚、實」一方，也不可能僅只捨棄「薄、華」一方。故知大丈夫立足「道」的整體性，取「厚與薄」、「實與華」的整體，捨棄停滯在局部的片面，不同於前述僅只停滯在「華」的「前識」。換言之，「彼」指局部片面，例如「前識」；「此」指整體。也就因為如此，所以大丈夫既不排斥「薄、華」，亦非執著「厚、實」，而是懷藏「厚與薄」、「實與華」的整體，不僅有「華」也有「實」，無所偏廢。

此外，緊緊依循老子敘述的脈絡，則可了解「彼」指厚、實，「去彼」指不處厚、實；「取此」指不居薄、華。亦即「去彼取此」指捨去厚、實，也捨去薄、華。然而這並不意謂著拋棄厚、實、薄、華，並非成為頑空，而是具有與「道」相同的流動特質，不呆滯，不僵化，在「厚與薄」、「實與華」的整體中，適時流動，不同於前述僅只停滯在「華」的「前識」，以此亦是懷抱「厚與薄」、「實與華」的整體，不失大道的整體性。

以上說明大丈夫立足不割裂的渾全大道，有「實」也有「華」，也就是本章曾說明之：理想狀態是不離「道」的整體性，則不僅有「道」，也有「德、仁、義、禮」。

三十九章

誰是得道者？它們是否呆滯一隅？「高貴與下賤」是否不並存？

昔之得一者，天得一以清，地得一以寧，神得一以靈，谷得一以盈，萬物得一以生，侯王得一以為天下貞。其致之。

「一」指整體，亦即「道」。「貞」：正，指表率、準則。「其」指「一」，也就是「道」的整體性。「致」：使。

以往獲得「道」的整體性質者，例如：天獲得「道」的整體性，所以清明；地獲得，所以安寧；神獲得，所以靈驗；河谷獲得，所以盈滿；萬物獲得，所以生生不息；侯王獲得，所以成為天下的表率。是「道」的整體性，使天、地、神、谷、萬物、侯王，能夠呈現清、寧、靈、盈、生、天下貞。

老子藉天、地、神、谷、萬物、侯王為例，指出存在於渾全大道中的萬物，都具有與「道」

相同的整體性。

天無以清將恐裂，地無以寧將恐發，神無以靈將恐歇，谷無以盈將恐竭，萬物無以生將恐滅，侯王無以貴高將恐蹶。

「無以」：不能。「發」：廢，指崩毀。「歇」：消失。「蹶」：跌倒，指失去侯王的地位。

天若不能呈現清明，恐將崩裂。地若不能呈現安寧，恐將崩毀。神若不能顯現靈驗，恐將消失。河谷若不能呈現盈滿，恐將枯竭。萬物若不能生生不息，恐將滅絕。侯王若不能呈現高貴，恐怕也將失去侯王的地位。

以上老子指出：如果天、地、神、河谷、萬物、侯王，各自執著或呆滯在「不清、不寧、不靈、不盈、不生、不高貴」的一隅，則不僅背離「道」不執著的流動特質，也同時失落大道的整體性，所以都將毀滅。不過，上文業已記載：天、地、神、谷、萬物、侯王，都具有與「道」相同的整體性，故知它們並不執著、也不呆滯在「不清、不寧、不靈、不盈、不生、不高貴」的一隅；反之，它們都將適時由「不清、不寧、不靈、不盈、不生、不高貴」

流動為「清、寧、靈、盈、生、高貴」。亦即它們都不曾遠離大道的整體性，都是獲得「一」之整體性質的存在。

然而，以上說明並不表示整體有「清或不清、寧或不寧、靈或不靈、盈或不盈、生或不生、高貴或不高貴」的分別；反之，互為對照的兩方是無從切割的整體，雙方相互流通。因此，以大道的整體性觀之，「清與不清」、「寧與不寧」、「靈與不靈」、「盈與不盈」、「生與不生」、「高貴與不高貴」並無分別之可言，它們是「一」，是不可切割的整體。

故貴以賤為本，高以下為基。

「貴」以「賤」做為根本，「高」以「下」做為根基。

這顯然與常識的看法不同，常識認為「貴／賤」、「高／下」互斥不相往來；但老子指出互為對照的「貴與賤」、「高與下」是無從切割的整體。例如侯王的尊貴，必須由身分較侯王卑下的民眾來襯托；若無身分卑下的民眾做為基石，侯王的尊貴也就無從成立。換言之，侯王的高貴與民眾的卑下，其關連性恰若喬木的高枝以深埋泥中的樹根為本，若斬除位於下方的樹根（民眾），則位於上方的高枝（侯王）也就無從存在。故知「高、貴」必不可與「下、賤」分立，它們自始相依相倚，是不可切割的整體。亦即這二句敘述，再次印證上文「高貴與不高貴」是「一」而不是「二」的義理。

此外，有鑑於「高貴與下賤」無從切割，雙方互為基本；所以「貴以賤為本，高以下為基」的記載，如果敘述為「賤以貴為本，下以高為基」，後者同樣傳達「高貴與下賤」無從切割的意涵，與前者並無差異。

是以侯王自謂孤寡不穀。此非以賤為本邪？非乎？

「孤」：孤獨無德。「寡」：寡德。「不穀」：不善。三者均為低賤之名。

侯王以低賤之名「孤、寡、不穀」自稱，這不就是以低賤做為根本嗎？不是嗎？

這是指侯王具有整體的智慧，了解其高貴的身分不曾與低賤分離，故以低賤之名自稱。然而，若更進一層而言，以大道的整體性觀之，既無貴、亦無賤之可謂，也就是《莊子・秋水》：「以道觀之，物無貴賤」。

故至譽無譽。

最高的稱譽是沒有稱譽。

這仍然與常識的看法不同，常識認為「至譽／無譽」互斥不並存；但老子之言，印證互為對照的兩方是不可切割的整體。例如：侯王雖有極高的稱譽，但不執著之，謙虛並且適時向無從切割的「無譽」流動，如此則益加彰顯侯王具有「一」的整體智慧。

不欲琭琭如玉，珞珞如石。

「琭琭」指玉之華麗色澤。「珞珞」指石塊堅硬。

這二句敘述的意涵有二：（一）通常學者認為是：不希望如同高貴的美玉光澤華麗，而是希望如同並不高貴的石塊堅實。（二）或許也可了解為：不希望如同美玉光澤華麗，也不希望如同石塊堅實。

然而，上述（一）之義理；並非排斥「琭琭如玉」，亦非執著「珞珞如石」，而是了解「貴以賤為本」，兼容「玉（貴）與石（賤）」於一懷，懷抱「貴賤」為一的整體智慧。（二）之義理亦不在於字面，並非將「玉（貴）與石（賤）」都予以拋棄，並非成為頑空，而是保有與「道」相同的流動特質，將適時由「玉」流動為「石」，或由「石」流動為「玉」，不呆滯一隅，仍然是不離大道的整體性。換言之，以上（一）與（二）之說明，都彰顯立足大道的整體性，則明瞭「玉與石」是「一」而不是「二」，並無貴、賤之可謂。

四十章

「道」往什麼方向運作？運作的力度是否強大？萬物源自何處？

反者道之動。

「反」有二意：（一）反向，往相反的方向流動發展；（二）返回，亦即復返本初，循環往復。

「道」的運行方向是「反」。

二十五章曾說明：「道」運行的軌迹是無始無終，不停往返運作，因此可藉「圓」做為了解的線索。本章亦可藉「反」之二項意涵，再次以「圓」了解「道」之運行。例如：萬物由「無生」流動變化為「生」，再由「生」變化為「無生」。

不過，若更進一層而言，「道」既然是無始無終，不停循環往返的運作，那麼誠然並無方向之可言。

弱者道之用。

「道」的作用是弱。

三十六章曾說明：順應自然即是「柔弱」，因為沒有自己的意見與執著，只是依循順應自然的無為法則，當為則為，不當為則不為，無所強求，宛若自己消失了，故為「柔弱」。由於「道」的運作就是順應萬物的自然本質，不刻意強求，也無所執著，宛若它消失了，所以可稱「道」的運作是「弱」。

此外，也可了解為：「弱」是柔柔、微微、緩緩，亦即「道」並非力度強烈的猛暴運作，而是微微且緩慢的運作著，對萬物不造成任何壓迫感。例如：由嬰兒逐漸成長為青壯年，再逐漸變化為衰老，乃至死亡，人們並未感到有一沉重強大的推力，使自己如此變化；故知此一變化，即為柔柔緩緩的運作著。

天下萬物生於有，有生於無。

天下萬物來自於「有」，「有」來自於「無」。

試問：「有生於無」，那麼「無」生自何處？二章「有無相生」就是解答。亦即「有生於無」，「無」則是「生於有」；也就是互為對照的「有無」不可或缺彼此，它們並不獨自存在，而是同存共在。一章曾舉例說明，人類的血肉之軀是「有」，然而口腔內部卻是「無」；可見人類即為「有無」混融之存在。實則不僅人類如此，萬物都是如此，都是「有無」混融的存在。

「有無」不是常識所認為互斥不並存的對立狀態，而是相生不相離的混融整體。「有與無」同存共在的渾沌整體，即為「道」，即為萬物的根源。所以「天下萬物生於有，有生於無」，乃指出萬物皆來自「有與無」混融的狀態，而且萬物之存在，也都呈現「有與無」的混融狀態。

此外，不可因本章文字之字面，便誤認「有」、「無」是兩個層級，亦不可誤認「萬物」、「有」、「無」是三個層級。實則，「無」並不單獨存在，而是與互為對照的「有」不相離；「有與無」混融，逐漸變化發展而呈顯萬物，然而萬物均將再次變化為「無」。這就是「反者道之動」，如同「圓」一般的運行。所以「無與有與萬物」不是三個層級，而是循環往復流動不已，宛若「圓」之混融。

四十一章 誰實踐「道」？誰嘲笑「道」？「道」是否果真荒誕可笑？

上士聞道，勤而行之。中士聞道，若存若亡。下士聞道，大笑之，不笑不足以為道。

「存」：有，指合理。「亡」：無，指不合理。

上等資質的人，聽了「道」的義理，立即勤快的努力實踐。中等資質的人，聽了「道」的義理，覺得似乎有理，又似乎不合理。下等資質的人，聽了「道」的義理，哈哈大笑。不被這種下士嘲笑，也就不足以稱為「道」了。

「上、中、下」並非指智力的高低，而是指自覺力的高低。高度自覺者，即時明瞭「道」的義理對生命極有助益，遂實踐不輟。中度自覺者，對「道」的義理，則在半信半疑之間。低度自覺者，認為「道」違背其生活所倚賴的常識，遂大大的嘲笑。

建言有之：明道若昧，進道若退，夷道若纇。

「建」：立。「昧」：暗。「夷」：平。「纇」：不平。

古代立言的人說過：明亮的道，似乎暗昧。前進的道，似乎後退。平坦的道，似乎崎嶇不平。

互為對照狀態的「明與暗」、「進與退」、「平與不平」，雖然常識認為它們是兩兩互斥的兩端；但是二章曾說明互為對照的狀態，均為無從切割的混融整體；因此，「道」以靈動不居的特質，在「明與昧」、「進與退」、「夷與纇」的整體中往來無已，既不固定在「明、進、夷」，也不固定在「昧、退、纇」。所以是「明道若昧，進道若退，夷道若纇」。

不過，若更進一層而言，「道」並無「明或昧」、「進或退」、「夷或纇」的分別；所以也可敘述為「非明非昧」、「不進不退」、「無夷無纇」。

上德若谷，大白若辱，廣德若不足，建德若偷，質德若渝。

「德」可藉《淮南子・齊俗篇》「得其天性謂之德」來了解，指自然本質。「上德、廣德、建德、質德」均指依循自然天性。「辱」指污垢。「建」：健。「偷」：怠惰，指弱。「質」：實，指實有。「渝」：窬，指空虛。

上乘的德如同下凹的山谷，最潔淨的白有如含垢，寬廣的德好像不足，強健的德似乎柔弱，實有的德好像虛空。

這五句敘述與前三句義理相近。依循自然本性之人，遵循「道」順應自然的本質，亦即立足不割裂的整全大道，明瞭互為對照的「上與下」、「潔白與污垢」、「寬廣與不足」、「強健與柔弱」、「實有與虛空」，都是不可切割的混融整體；故以大道的整體性，融它們於一懷，即使位於「上、潔白、寬廣、強健、實有」但卻不離「下、污垢、不足、柔弱、虛空」。總是秉持「道」的整體性，所以是「上德若谷，大白若辱，廣德若不足，建德若偷，質德若渝」。

大方無隅，大器晚成，大音希聲，大象無形。

「大方、大器、大音、大象」均指大道。「隅」：角。「晚」：免，指無。「成」：定。「晚成」：不固定，指沒有形體；這是因為如果固定為某一器物，則有形體；反之，既然不固定，也就沒有形體。「希」指無。

最大的方形沒有角，最大的器物沒有形體，最大的聲音是無聲，最大的形象是無形。如果以方形、器物、聲音、形象來譬喻大道，那麼大道就是最大的大方、大器、大音、大象。然而方形必定有四個角，但是大道的「大方」無角，也就是由「角」流動為「無角」。器物必有形體，但大道的「大器」無形，也就是由「形體」流動為「無形體」。音必有聲響，但大道的「大音」無聲，也就是由「聲」流動為「無聲」。形象必有相貌，但大道的「大象」無形，也就是由「形象」流動為「無形象」。亦即大道由「角、形體、聲、形象」流動為「無角、無形體、無聲、無形象」，混融「角與無角、形體與無形體、聲與無聲、形象與無形象」。由此不僅可證「道」無所排斥的不執著特質，亦同時彰顯大道不割裂的混融整體之義理。

另外，也可了解為：大方在「角與無角」之間流動，並無固定的角，故稱「無隅」。

大器在「形體與無形體」之間流動，並無固定的形體，故稱「晚成」。大音在「聲與無聲」之間流動，並無固定的聲響，故稱「希聲」。大象在「形象與無形象」之間流動，並無固定的形象，故稱「無形」。這仍然彰顯大道不執著的流動特質。

道隱無名。夫唯道，善貸且成。

「貸」：施予，指涵容、輔助。

「道」幽隱無名。只有「道」善於涵容、輔助萬物，而且成就萬物。

上文曾說明：大道的「大象」無形，也就是由「形象」流動為「無形象」。所以它幽隱不可識，但卻是真實存在；至於它的名稱，只是老子勉強命名，它本無名稱，因此本章記載為「道隱無名」。

「善貸且成」則是指出：幽隱但卻真實存在的大道，具有整體的智慧，涵容、協助前述的「明、進、夷、上、潔白、寬廣、強健、實有、角、形體、聲、形象」的一方，也同時涵容、幫助「昧、退、纇、下、污垢、不足、柔弱、虛空、無角、無形體、無聲、無形象」

的一方，大度包容而無所排斥，故可成就萬物。

然而，以常識為生活準則的下士，必然只願意接近「明、進、夷、上、潔白……」的一方，並且排斥「昧、退、纇、下、污垢……」的一方，所以當然是大大嘲笑「道」；至於上士則是明白，無論當前的人生機緣在任何一方，都受「道」的涵容，也都可以依隨「道」，獲得「道」的成全，因此傾心相隨。

四十二章

「道」與萬物有何關連性？萬物的性質與「道」有何異同？

道生一，一生二，二生三，三生萬物。萬物負陰而抱陽，沖氣以為和。

「沖」：激盪。

「道」呈現為渾沌不可切割的整體，也就是「一」；渾沌之「一」變化發展而呈顯陰陽二氣；陰陽二氣交流變化而呈顯和氣；陰、陽、和三氣交合變化，遂產生萬物。萬物都是背負著陰而懷抱著陽，由陰陽相互激盪而成的和諧存在。

「一」指渾沌不可切割的整體。「二」指陰陽二氣。不過「陰陽」是否可能切割？以致成為常識所認為的各自獨立的兩個狀態呢？二章曾說明互為對照的狀態，具有無從切割的關連性；故可了解互為對照的「陰陽」，必為「陰不離陽，陽不離陰」，它們不可或缺彼此，是同存共在的混融整體，並不因為語言文字給予不同之「名」，便可切割為各自獨立的兩個狀態。亦即本章所指的「二」不是常識所認為的相互對立的兩個狀態，此「二」是陰陽不相離的混融整體，它具有與「道」、「一」相同的混融性質。

「三」指陰陽調和之和氣，由於是陰、陽、和三氣，故是三。有鑑於陰陽二氣具有混融性質，因此，由陰陽調和而成的「和氣」，必然也相同的具有混融性質。以此，「三」顯然與「二」相同，也不是常識所認為的可以切割為相互對立的三個狀態，此「三」仍是陰、陽、和氣不相離的混融整體，它具有與「道」、「一」、「二」相同的混融性質。

陰、陽、和三氣持續交合，逐漸變化衍生出萬物。同理可推，如此衍生出的萬物，仍然與「道」、「一」、「二」、「三」相同，具有混融的性質。此由「萬物負陰而抱陽，沖氣以為和」的敘述即可獲得印證，亦即「孤陰不生，獨陽不長」，所以萬物的存在必然是「陰陽」混融的和諧狀態。

以上敘述，向來學者們視為是老子的萬物生成論。亦即由「道」之渾沌，逐漸由簡而繁的變化發展，以致呈顯萬物的歷程，是一不可切割的連續性整體；「道」與萬物不僅緊密相繫，而且萬物也都具有與「道」相同的混融性質。

不過，若更進一層而言，本章之「一、二、三」或許不必定義為某一確切狀態、某一存在物，因為「道與一、二、三、萬物」是不可切割的連續性整體，如果定義為某一存在物，則不免造成可以切割的誤解，以致誤會「道與一、二、三、萬物」是各自獨立的存在。亦即讀者必須了解「道與一、二、三、萬物」是無從切割的整體，並不因為語言文字給予不同之「名」便可割裂整體。

人之所惡，唯孤、寡、不穀，而王公以為稱。故物或損之而益，或益之而損。

「孤」：孤獨無德。「寡」：寡德。「不穀」：不善。「或」：有。

人們所厭惡的是孤獨無德、寡德、不善，但是王公國君卻以此來自稱。所以一切事物，有的是看起來受折損，反而獲益；有的是看起來獲益，反而受折損。

這是指互為對照的「損與益」，並不是常識所認為不相往來的互斥兩端，反之，「損與益」相互流通，一體不可分，正如「陰與陽」不曾相離。例如：國君以「孤、寡、不穀」

自稱，即可由「損」（謙沖自抑）流動至「益」，也就是「損之而益」。

人之所教，我亦教之。強梁者不得其死，吾將以為教父。

「強梁」指剛強。「教父」指施教的根本。

「強梁者不得其死」或許是他人對老子的教導；但也或許是老子不同於他人的思考。如果是前者，本段敘述是指：他人教導我的，我也教導給其他人，這就是「強悍者不得善終」，我將以此做為施教的根本。如果是後者，則是指：他人教導我的，我也教導給其他人，但我心中更思考著「強悍者不得善終」，我將以此做為施教的根本。

如果是後者，則表示他人並非教導老子「強悍者不得善終」，而是教導老子必須強悍；但是老子明瞭不知節制的過度剛強，執著於陽（剛）而無陰（柔）的調和，生命偏頗於一隅，並非陰陽和諧的狀態，背離「萬物負陰而抱陽，沖氣以為和」的本質，將不得善終。也就是看起來有益的陽剛，流動為「不得其死」的折損，亦即「益之而損」。

四十三章

誰可通過「天下之至堅」？進入密實沒有間隙的「無間」？

天下之至柔，馳騁天下之至堅。

「馳騁」：馬快跑，指進入、通過。

天下最柔之物，可進入、通過天下最堅強之物。

在此可由兩個面向來了解：（一）如果天下之至堅阻擋通路，那麼既然已無任何一物可勝過它，又豈須硬碰硬？此時，不如反其道而行，以「柔」軟化對方之「堅」。然而什麼是「柔」呢？三十六章曾說明：順應自然即是「柔弱」，因為沒有自己的意見，只是依循順應自然的無為法則，當為則為，不當為則不為，宛若自己消失了，故為「柔弱」。以此，或許可了解為：順應至堅的自然性質，宛若自己消失而成為「無我」，以如此之「至柔」反而更有可能通過「至堅」的阻擋。

（二）雖然常識認為「堅／柔」對立，然而二章業已說明互為對照的兩方是無從切割的整體，雙方具有相互流通的性質；故知唯有「柔」可進入「堅」，並通過至堅的阻擋；至於「堅」則不可能進入「至堅」，也不可能通過至堅的阻擋。

無有入無間。

「無有」指虛。「無間」：沒有間隙的密實狀態，指實。虛可進入實。

本句義理與上句相同；由於面對「堅」，唯有「柔」方可通過；那麼，同理可推，面對沒有間隙的「實」，唯有與它互為對照且無從切割的「虛」方可進入。然而什麼是「無有」之虛呢？老子於後文即有說明。

吾是以知無為之有益。

我因此而知無為具有益處。

「無為」是順應自然而為，亦即順應萬物的性質，沒有自己的意見，只是順應對方的性質；這顯然是自己消失了，不僅是「至柔」而且也是「虛」，故可馳騁天下之至堅、進入無間，這就是無為的益處。

不言之教，無為之益，天下希及之。

「希」：稀。

以不言教導他人，以及無為的益處，天下很少人能夠做到。

二章曾說明「不言」是以「不言與言」的整體待命，當言則言，不當言則不言；亦即並非一味的提出自己的意見與執著，而是如同「無為」，當為則為，不當為則不為，順應萬物的性質，宛若自己消失了，成為「至柔、虛」，如此亦可獲得與「無為」相同的益處，例如上述的「馳騁天下之至堅、進入無間」。但是老子指出這極為罕見，因為世人總是以「我」為出發點，難以放下我執，難以成為「至柔、虛」順應萬物。

四十四章

人們為何因名利財貨而自陷困境？如何脫困？

名與身孰親？身與貨孰多？得與亡孰病？

「身」指生命。「亡」：失去。「病」指災難。

名聲與生命，那一項與自己較為親近？生命與財貨，那一項對自己更為重要？得到名聲、財貨，與失去生命，那一項是禍害災難？

是故甚愛必大費，多藏必厚亡。

「費」：耗費、代價。「藏」指累積財富。「厚」：重。

極度愛戀名聲，必定耗費極大，以極大的代價去追求。累積財富者，於失去財富時，相較於並不累積財富之人，必定損失慘重許多。

知足不辱，知止不殆，可以長久。

「止」指節制。「殆」指困境。

知足而非無止盡的貪婪抓取，則可使生命不至於遭受羞辱。適度節制的知止，則可使生命不至於陷入困境；如此即可長長久久的存活於天地之間。

知足、知止，必定來自於內在的自我安頓，而非來自於向外累積大量的物質與財富；唯有將生命安頓得平穩妥當，對自己的生命感到滿意，方才可能適度節制，成為知足、知止的智者。

此外，也可由另一面向來了解，三十三章曾說明：立足不割裂的渾全大道，了解「我與天地萬物」是不可切割的混融整體，生命充實飽滿，無所欠缺，以此，自然不至於無止盡的貪婪抓取，而是適可而止的知足。反之，若無以上的了解，誤以為生命獨立於整體之外，也就不免誤以為尚有諸多欠缺匱乏，遂有貪婪抓取的不知足、不知止的舉動。換言之，喚醒人們的自覺，不離大道的整體性，明瞭生命與天地萬物混融為一，可使人們脫離由於追逐名利財貨而難以自拔的困境。

四十五章

大眾認為互斥的兩端，是否果真不並存？誰是永遠的贏家？

大成若缺，其用不弊。

「成」：成功、完美。「弊」：窮盡。

最為成功、完美的「大成」，宛若有所欠缺，但它的作用無窮。

以上記載顯然與常識的看法不同，常識認為「成／缺」對立互斥；但老子指出「大成」並非僅僅固定於「成」，例如完美的圓月必向缺月變化，也就是由「成」向「缺」流動。這印證互為對照的兩方是無從切割的整體，雙方相互流通。亦即「大成」是「成與缺」混融的整體，所以如果成功但不驕傲，認為尚未完美，仍持續精進，則有更多的發展與作用，將不斷呈現，這才是如假包換的「大成」，也才有「其用不弊」的作用；反之，若自認完美，不再努力，也就沒有其他的發展可言。

大盈若沖，其用不窮。

「盈」：滿。「沖」：虛。

最盈滿的「大盈」，宛若虛空，但它的作用無窮。

這兩句的敘述與前兩句相近，也與常識的看法不同，常識認為「盈／虛」對立互斥；但老子指出「大盈」並非僅只固定於盈滿，而向「虛」流轉。這也印證互為對照的「盈與虛」無從切割，並且相互流通；亦即「大盈」是「盈與虛」混融的整體，因此無論處於「盈」或「虛」均可順暢發揮作用，故其用無窮。例如：水杯盛水而成為盈滿，然而它並不永遠固定於盈滿，當水被喝完或倒空或蒸發，則它又成為「虛」，再次發揮盛載其他物質的作用，因此是作用無窮。

大直若屈。

「屈」：彎曲。

最直的「大直」宛若彎曲不直的「屈」。

二十二章曾舉地平線為例說明：地平線是「直」，但無限向前延伸，因為地球為「圓」，所以必回到原點，而成為圓之曲線；也就是「直」成為「屈」的彎曲。這也印證互為對照的「直與彎曲」無從切割，並且相互流通；故知「大直」亦與「大成、大盈」相同，並不僅僅固定於直，而向不可切割的「屈」流動，它是「直與屈」混融的整體。

大巧若拙。

最巧妙的「大巧」宛若並不巧妙的笨拙。

例如：靈巧之人並不炫耀，宛若笨拙。這也印證互為對照的兩方無從切割，雙方相互流通；故知「大巧」亦與「大成、大盈、大直」相同，並非僅只固定於巧，而將適時向不可切割的「拙」流動，它是「巧與拙」混融的整體。

大辯若訥。

「辯」：言談流利。「訥」：言語遲鈍。

最擅長言談的「大辯」，宛若言語遲鈍不善談話的口訥。

例如：言談流利之人，隨機應變，在不宜發表談話的場合，並不多言，宛若不善言談。

這也印證互為對照的「辯與訥」無從切割，並且相互流通；故知「大辯」亦與「大成、大盈、大直、大巧」相同，並不僅僅固定於「辯」，而將適時向不可切割的「訥」流動，它是「辯與訥」混融的整體。

躁勝寒，靜勝熱。

「躁」：急動。

急動生熱，遂勝過寒涼。然而急動漸漸安靜下來，則產生涼意，遂勝過躁熱。

由此而知，無論「躁熱」或「靜寒」均非永遠的贏家。正如四季更迭，春季氣溫回暖，夏季極其炎熱，完全壓倒冬季之寒；但是夏之炎熱，亦非永遠的贏家，當秋季氣溫漸降，冬季極寒，則完全壓倒夏季之炎熱。所以若欲常為贏家，則不宜執著「躁熱」，亦不宜固守「靜寒」，而應保有流動的能力。當「躁熱」為宜時，則急動生熱；當「靜寒」為宜時，則安靜生涼。流動不固執，方為贏家。不過，若更進一層而言：在流動之中，並無輸、贏可說。

清靜以為天下正。

「正」：表率、準則。

清靜是天下的表率、準則。

不過「清靜」的意涵並不僅止於字面，這是因為明瞭「躁勝寒，靜勝熱」之流動義理暨「大成、大盈、大直、大巧、大辯」的整體義理，則將以整體與流動的智慧，立足「靜與動」混融之整體，無論「靜」或「動」皆無所偏廢，並可因應情勢，適時流動，所以是天下的表率。

四十六章

人們為何不知足？如何可能知足？貪婪掠奪，抑或喚醒自覺？

天下有道，卻走馬以糞；天下無道，戎馬生於郊。

「卻」：退。「走馬」指跑得快的馬。「糞」指治田、耕種。「戎馬」指戰馬。「郊」：郊野，指戰場。

天下依隨「道」的運作，沒有戰爭，跑得快的馬，退回農村去耕田。天下未能依隨「道」的運作，戰爭頻仍，戰馬就在戰場上生產。

如果人人自覺：在不割裂的渾全大道中，「我與萬物」是不可切割的混融整體，行為順隨「道」的整體性，與整體中的其他存在恰如其分的互動，則無戰爭。然而如果缺乏上述自覺，不僅「道」的整體性被遮蔽，人們也不免誤以為生命獨立於整體之外，故貪婪的發動戰爭，對整體中的其他國家進行掠奪，以致戰況慘烈，不僅所有的公馬都送往前線，即使懷孕的母馬也被送上戰場，充當戰馬，而且在戰場生產，由此可見戰爭業已持續許久。

禍莫大於不知足，咎莫大於欲得。故知足之足，常足矣。

「咎」：罪過。「欲得」指貪婪的意念與行為。

沒有任何災禍比不知足更嚴重。沒有任何罪過比貪婪的意念與行為更嚴重。知足的這種滿足，是恆常的滿足。

未能自覺生命在渾全大道中，行為背離順應自然、當為則為、不當為則不為的「無為」法則，不知足的掠奪，陷溺在過度貪婪的意念與行為之中，將為生命帶來災禍，例如：上述「戎馬生於郊」的長年戰亂。反之，如果自覺在渾全大道中，「我與萬有」本是不可切割的整體，明瞭生命並無欠缺匱乏，則是「自覺」之「足」，亦即「知足之足」；並非強力壓抑欲求，而是不離整體之「足」，順應自然，無所執著，因此是平穩安適的「常足」。換言之，對「道」的整體性有清晰的自覺，可使人們「知足」，並獲得「常足」，無所匱乏，恆常滿足。

四十七章

如何方可擁有真知灼見？向遠方追求，抑或不離大道的整體性？

不出戶，知天下；不闚牖，見天道。其出彌遠，其知彌少。

「戶」：門。「牖」：窗。

不出門，就知道天下的概況。不看窗外，就了解自然法則。走得愈遠，反而知道的愈少。這顯然不同於常識，大眾通常認為愈是走得遠，愈是見多識廣，怎可能所知愈少？然而，老子和盤托出，指出常識未留意的另一面，亦即不斷向外探求，雖然看似所知甚多，但是觀察如果僅止於事物外在的紛雜表象，而無法察知內在的理則，那麼僅知表象不知理則，如同不知。

是以聖人不行而知。

聖人不必遠行就知道。

聖人立足不割裂的渾全大道，與天地萬有混融為一，因此雖未遠行以探知萬事萬物，但是由於未曾遠離整體，所以僅是靜觀自己的生命以及環境中的諸多存在，即可了解萬物萬象的理則，也就是「不出戶，知天下」。

不見而名。

「名」有二意：（一）明；（二）指稱。

不必親眼看見，也可明白或指稱之。。

聖人既然了解萬物萬象的理則，那麼即可以理則來推知，縱然並未目睹，也可正確推測。例如；天下大勢，合久必分，分久必合；必然是流動變化而非固定。所以不必目睹分分合合，由理則即可推知形勢必定如此演變。這也就是「不闚牖，見天道」。

不為而成。

「不為」指無為。

無為但卻可以成功。

聖人依循順應自然的無為法則，立基「無為與為」的整體，以整體待命，當為則為，不當為則不為，舉止恰如其分，所以獲得成功。

以上三句敘述，之所以可能成立，在於聖人不離大道的整體性，順隨整體的運作，故可自然呈現「知、名、成」。

四十八章

什麼行為與「道」相應？執著於增益？抑或適時節制？

為學日益，為道日損，損之又損，以至於無為。無為而無不為。

探求學問，是每天都增加一些知識。探求「道」卻必須每天做減損的工作。一再一再地減損，以至於無為。「無為」則將流動為沒有什麼事情做不好的「無不為」。

求學是使用「加法」；求「道」是適時使用「減法」。之所以必須適時使用減法，至少有兩項因素：（一）我們本能地使用加法，向外貪婪抓取，以為對生命有利，即使如同雞肋也不放手，殊不知如此造成負荷過重，反而對生命弊多而利少。

（二）我們使用的加法，即為增加知識；然而增加知識的同時，也增長文飾造作，甚至是智巧詐偽，而且不免誘發情欲，所知愈多，欲求愈多，遂因多知多欲而增加更多攪擾。這顯然不是安頓生命的妥當方式，因此老子建議適時使用減法。

不過，並非無止盡的使用減法，而是到達順應自然的「無為」；爾後，便以依循自然的無為法則，當做理想指標：當加則加，當減則減，若無庸改變現狀，則保持安靜，不加不減。亦即在此不可因文字之字面，誤以為「道」固執減損、排斥增益，反之，「道」無所執著也無所排斥，具有流動的特質。由此即可明瞭人生並非永遠使用加法為宜，亦非永遠使用減法為宜，均應恰到好處，才是安頓生命的良策。

另外，三十七章曾說明，互為對照的「無為與無不為」是不可切割的整體，「無不為」是「無為」一體兩面的另一面，它們具有相互流通的性質。因此到達順應自然的「無為」之後，「無不為」遂相應而生。

取天下常以無事，及其有事，不足以取天下。

「取」：治。「無事」指無為。「及」：若。「有事」：有為，指不順應自然。

總是以無為來治理天下，若是有為，則不足以治理天下。這是指治理天下應依循順應自然的無為法則，反之，若不順應自然而是出之以自己的意念，則不可能治理天下達到理想。老子在此是藉著治理天下為例，再次揭示順應自然的「無為」義理。

四十九章

治國者可否固執一成不變？對民眾應否一視同仁，無有偏私？

聖人無常心，以百姓心為心。善者吾善之，不善者吾亦善之，德善。信者吾信之，不信者吾亦信之，德信。

「常」：固定不變。「心」指意念。「無常心」：沒有固定不變的意念；帛書老子乙本，是「恆無心」指總是沒有自己的意念，意涵與「無常心」相因而不悖。「德」有二意：（一）通常學者都認為「德」指「得」；（二）可藉《淮南子．齊俗篇》「得其天性謂之德」來了解，指與生俱有的天性本質。

聖人沒有固定不變的意念，而是以民眾的意念為意念。良善的民眾，我善待他；不良善的民眾，我也善待他。如此，則獲得良善；或人人都顯現與生俱有的良善天性。誠信的民眾，我信任他；不誠信的民眾，我也信任他。如此，則獲得誠信；或人人都顯現與生俱有的誠信本質。

聖人明瞭一切都在改變中，沒有什麼是不變的，因此如同「道」懷藏不執著的精神，所以「無常心」沒有固定不變的意念，不固執僵化而是隨機應變。「以百姓心為心」順應民意，適時調整，即為「無常心」的表現。反之，若「有常心」執著固定不變的意念，不僅背離「道」不執著的流動特質，且因執著己意，也就不可能「以百姓心為心」。

聖人對民眾一視同仁，無所偏私，並非僅只接納「善、信」的民眾；反之，對於「不善、不信」的民眾，非但不排斥而且大度包容，並進一步的引導他們適時節制不當的舉動，逐漸呈顯自然天性中的善良、誠信，所以最終總是獲得「善、信」的民眾。這印證互為對照的「不善與善」、「不信與信」一體不可分，具有相互流通的性質，並非不相往來的互斥狀態。

然而，常識歡迎「善、信」，排斥「不善、不信」，固執僵化的同時，也使「善／不善」、「信／不信」的對立更加尖銳；至於聖人「無常心」，不同於常識，沒有固定不變的意念，無所執著也無所排斥，而是以「道」的不執著特質，運用接納、引導等等的靈活方式，消弭對立，使人人顯現與生俱有的良善與誠信。

聖人在天下，歙歙焉，為天下渾其心。百姓皆注其耳目，聖人皆孩之。

「歙歙」指節制、收斂。「渾」有二義：（一）渾厚純樸；（二）渾全整體。「注」有二義：（一）專注；（二）爭競。

聖人治理天下，節制意念欲求，使天下民眾的意念皆渾厚純樸；或使民眾的意念不離渾全整體。民眾專注觀看聖人的行止，聖人則如同對待嬰孩一般的愛護民眾；或民眾出現競相使用耳目聰明的情況時，聖人則帶領民眾返回嬰孩一般的純樸狀態。

這是指聖人以整體為念，節制意欲，因此，上行下效，民眾也都以整體為念，節制意欲，渾厚純樸。「聖人皆孩之」指聖人對民眾一視同仁，給予無差別的對待，與前述對於「不善與善」、「不信與信」的態度完全相同。

五十章

誰是善於養生之人？極度養生？抑或順隨自然的「出生入死」？

出生入死。

人類的生命，始於出生，結束於進入死亡。

由「生」至「死」，是生命的完整歷程；有「生」則有「死」，「生死」是不可切割的整體，這是生命的自然本質。換言之，「生」是自然，同理，「死」也是自然，並非不自然。

生之徒，十有三；死之徒，十有三。

「生」指長壽。「徒」：類。「死」指夭折。

屬於長壽這一類的，在人口中占十分之三。屬於自然夭折這一類的，占十分之三。

人之生，動之死地，亦十有三。夫何故？以其生生之厚。

「動之死地」的「之」指「往」。「生生」指養護血肉之軀。「厚」指過度。本來可以長壽，但卻提早走入死亡的，也占十分之三。這是什麼緣故呢？因為他們過度養護血肉之軀。

例如：為求長壽，煉丹服藥，但卻自促死亡。這是因為大眾悅生惡死，執著存活，竭力避免死亡；然而，由於「生死」一體不可分，求「生」的同時，不可避免的，也就是求「死」，所以過度養生，反而使生命提早結束。理想狀態則是通達「生死」是不可切割的整體，無所執著亦無所排斥，順應生死之自然。

蓋聞善攝生者，陸行不遇兕虎，入軍不被甲兵。兕無所投其角，虎無所措其爪，兵無所容其刃。夫何故？以其無死地。

「攝生」指養生。「兕」：犀牛。「甲兵」指兵器。「投」：擲，指刺。「措」：舉，指抓。「容」：受，指攻擊。

聽說善於養生之人，在陸地行走不遇到犀牛、老虎。在戰爭中不被兵器所殺傷。犀牛的角無從去穿刺，老虎的爪無從去抓執，兵器的刀鋒無從去攻擊。這是什麼緣故呢？因為對他們而言，沒有死亡的問題。

這是指在人口中占十分之一的善於養生之人，具有「道」的整體智慧，明瞭生命與萬物是不可切割的混融整體，依循「道」順應自然、當為則為、不當為則不為的無為準則，與整體中的其他存在（例如：犀牛、老虎、人們）恰如其分的互動，不製造對立，和諧共存，故不受死亡的威脅。而且縱然死亡，三十三章亦曾說明整體長存，所以即使死亡，生命仍然在整體中，順隨整體的流動，變化無已；也就是在整體中，死亡並不存在，故可言「無死地」。另外，也可由「生死」一體不可分來觀察，亦即縱然死亡，並非獨立於「生」之外，而是仍然與「生」無從切割，所以可描述為「無死地」。

換言之，如果未能胸懷整體，眼光僅只停滯於一己之血肉身軀，則以為「有死地」。但是善於養生者，不離大道的整體性，順隨自然的「出生入死」，依隨整體的運作，所以是「無死地」。

五十一章

「道」、「德」是否順應萬物的自然本質？抑或橫加干預？

道生之，德畜之，物形之，勢成之。

本段記載的「之」，均指萬物。「德」可藉《淮南子・齊俗篇》「得其天性謂之德」來了解，指與生俱有的天性本質。「畜」：養。「物」：物質。「勢」指環境。

「道」生發萬物，「德」畜養萬物，物質賦予萬物形體，環境成就萬物。

萬物源自渾沌之「道」，皆由「道」走出來，故可稱「道生之」。萬物與生俱有的天性本質即為「德」，萬物依其本性而存在，故稱「德畜之」。萬物之存在必有形體，形體則由物質所聚合，故為「物形之」。環境中的各種條件，如氣候、水土，成就萬物的發展，故為「勢成之」。

是以萬物莫不尊道而貴德。道之尊，德之貴，夫莫之命而常自然。

本段兩次記載之「尊」、「貴」有二意：（一）指萬物尊崇看重「道」、「德」；（二）指萬物以「道」、「德」為依歸及本源。「自然」指性質、本質，也就是萬物的天性。

所以萬物無不尊崇「道」而看重「德」（或是：萬物都以「道」、「德」為依歸）。「道」受到尊崇，「德」受到看重（或是：萬物以「道」、「德」為依歸），但是「道」、「德」對萬物不加以干涉支配，而總是順應萬物的自然性質。

萬物之所以如此呈顯，是其性質使然，也就是萬物的自然。例如：寒帶植物與熱帶植物，之所以個別生長於寒地與熱帶，是其性質使然，也就是它們的自然。如果不顧它們的性質，執意互換二者，將寒地植物種植於熱帶，將熱帶植物種植於寒地，則二者都無法存活；這也就是杜甫〈秋野〉：「易識浮生理，難教一物違。」

故道生之，德畜之，長之育之，亭之毒之，養之覆之。

「亭」有二意：(一)成；(二)定。「毒」有二意：(一)熟；(二)安。「覆」指保護。

「道」生發萬物，「德」畜養萬物，生長萬物，培育萬物，成熟萬物；或安定萬物，養育萬物，保護萬物。

生而不有，為而不恃，長而不宰，是謂玄德。

「玄」：深遠。

生發萬物，但不刻意占有把持；作育萬物，但不刻意誇耀；長養萬物，但不刻意控制主宰；這稱做深邃而非淺薄的「玄德」。

「不有，不恃，不宰」也就是前述「莫之命而常自然」的表現，亦即「道」與「德」都具有不是一眼即可看穿的深遠「玄德」。

另外，以上四句敘述，亦曾記載於十章，本書於該章曾說明其意涵亦可了解為：在渾全大道中，萬物生長發展，不被占有把持；萬物各有行為舉動，但都不自以為了不起；萬物生長發展，不被控制主宰；萬物都具有深遠而非淺薄的「玄德」。由此而印證「道」超越「占有或不占有」的意念之上，對萬物並無「主宰或不主宰」可言。

五十二章

「母與子、本源與現象」可否切割？「明」的智慧是否偏滯一隅？

天下有始，以為天下母。既得其母，以知其子；既知其子，復守其母，沒身不殆。

「母」：母體，指本源。「子」指現象、萬物。「守」：持守，指不離。

天下的起始，就是天下萬物的母體、本源。既然掌握母體、本源，也就明瞭它的子女（現象、萬物）；既然了解子女（現象、萬物），並且返回而不離它們的母體、本源，那麼至死也不遭遇困頓。

「母與子」、「本源與現象」是不可切割的整體，由母可知子，由子可知母；本源衍生出諸多現象，由現象則可追溯至本源。在整體中靈活往來，無所偏廢，運作無窮竭，因此不陷入困境。

塞其兌，閉其門，終身不勤。開其兌，濟其事，終身不救。

「塞」、「閉」指節制。「兌」指耳目鼻口之感官。「門」指嗜欲的門徑。「勤」指勞擾。「開」指不節制。「濟」指助長。「事」指欲望之事。

節制耳目鼻口之感官欲求，節制嗜欲，那麼終生不陷入勞擾。不節制感官的欲求，助長欲望，那麼終生無救。

三章曾說明血肉之軀的基本欲求，必須獲得滿足，生命方可延續，然而對於這些欲求，若是不予節制，並不能使人活得更好，所以老子呼籲人們本於自覺，適度節制。同理，本章之「塞」、「閉」亦是本於自覺適度節制，而非斷絕欲求。

見小曰明。

可察見細微的狀態，稱做「明」。

「大與小」相應而生，本是不可切割的整體；然而世人通常只留意「大」忽視「小」，所以老子指出：不僅應見「大」，也應見「小」，「大小」並觀，正如前述「母與子」、「本源與現象」並觀。所以在此不可因文字之字面，遂誤以為觀察「小」之單一片面即是「明」；反之，本章揭示察見完整的全貌，觀照「大小」是無從切割的整體，才可稱為「明」的智慧。

守柔曰強。

持守而且不離柔弱，稱做「強」。

這印證互為對照的兩方是無從切割的整體，雙方相互流通；亦即「柔與強」相應而生，是一體的兩面，「柔」並不固定於柔，「柔與強」具有相互流動的性質。換言之，「柔」不與「強」對立，而是一體不可分，所以守「柔」即守「強」，也就是不離「柔與強」混融的整體。

用其光，復歸其明，無遺身殃。是為襲常。

「遺」：送，指帶來。「身」指生命。

運用光亮，但也回歸於「明」，則不為生命帶來災難。這就是「襲常」承襲常道。

這是指不僅只向外放光，也同時向內在「明」的智慧回歸，見「大」也見「小」，而且「既知其子，復守其母」，不偏頗於一隅，所以沒有災難。然而這並不意謂著不遭遇任何挫折、災殃，而是立足整體，了解明暗並存、悲喜同在，因此即使遭遇災殃，也明瞭並未遠離整體，故可平心以待，運用恰如其分的因應對策處理安頓之。

「常」是不變，一章曾說明：天地之中，一切皆不斷改變，然而「變」卻是不曾改變的恆常法則。所以不變的「常」即為「變」，這就是老子揭示的常道。上述由「母」至「子」，由「子」至「母」，由「柔」至「強」，由「光」復歸於「明」，它們都具有變化流動的性質，因此上述記載都是「襲常」。

五十三章

老子畏懼什麼？誰行於大道？誰偏離大道？

使我介然有知，行於大道，唯施是畏。大道甚夷，而民好徑。朝甚除，田甚蕪，倉甚虛。服文綵，帶利劍，厭飲食，財貨有餘，是謂盜夸，非道也哉。

「介」：微。「施」：迤，指邪（斜）。「夷」：平。「徑」：邪曲小路、捷徑。「除」有二意：（一）污；（二）潔好。「厭」：饜，指飽足。「餘」：多。「夸」：大。

假使我稍微有些認識，行走在大道中，唯恐誤入斜徑。大道很平坦，但是民眾（包括上位者）喜歡走斜徑。朝廷污穢混亂，或朝廷整潔美好；但是農田荒蕪，倉庫空虛；上位者穿著華麗，佩帶鋒利寶劍，飽食精美餐飲，累積大量財貨，這叫做強盜頭子，不是以道的智慧治國。

這是指即使稍有知識之人，也唯恐遠離大道；但是治國的上位者卻不知自省，他是以正道抑或以大盜的方式治國。

此外，或許也可由另一面向來了解：在「道」之中，遵循順應自然、當為則為、不當為則不為的無為法則，即是適宜人們行走的平坦大路，可使行止恰到好處。但是順應自然必須放下執著，人們通常不願為之，反而是頻頻以執著行事，以致偏離順應自然的正道。由「民好徑」至「是謂盜夸」，老子舉出多項執著於虛浮誇飾、極度享樂、未能順應自然、偏離正道的非理想狀態，這些現象就是他畏懼的「施」——邪（斜）。

五十四章

什麼是不虞失落而且永存者？它何以不受時空限制而永存？

善建者不拔，善抱者不脫，子孫以祭祀不輟。

善於建立的，不被拔除。善於抱持的，不脫離懷抱。子孫依循上述法則，那麼世代繁衍，祭祀的香火不斷絕。

任何有形的建立，以及懷中抱持的任何有形之物，均將消毀於時間中。老子在此指出不虞失落且可永存者，即為無形之「道」。善建者即是建立對「道」的體悟，由於一旦領會則不虞失落，因此也就成為善抱者。

另外，三十三章曾說明：立足「道」的整體性，「生命與天地萬物」是不可切割的混融整體，由於整體長存，因此悟道的「善建、善抱者」的生命，也就與整體同在，延續不絕。

修之於身，其德乃真。修之於家，其德乃餘。修之於鄉，其德乃長。修之於邦，其德乃豐。修之於天下，其德乃普。

「修」：修養，修養則「不離」，也就是前述「不拔、不脫」。「之」指道。「德」可藉《淮南子・齊俗篇》「得其天性謂之德」來了解，指天性本質。「餘」：多，指飽滿。

修養「道」於自身，則自然本性真實不虛。修養「道」於家族，則自然本性飽滿。修養「道」於鄉里，則自然本性長存於鄉里。修養「道」於國家，則自然本性在國家內處處豐厚。修養「道」於天下，則自然本性在天下普遍存在。

修養「道」，也就是不離「道」，亦即「道」不拔、不脫。既然不離於「道」，依循「道」順應自然的本質，那麼「德」之自然天性也就不離、不拔、不脫。換言之，不僅自己，而且天下人人都不離「道」，則人人皆為善建、善抱者，人人之「德」皆是飽滿無缺。

故以身觀身，以家觀家，以鄉觀鄉，以邦觀邦，以天下觀天下。

吾何以知天下然哉？以此。

「觀天下」指觀照過去、未來的天下。以我的自身觀照他人，以我的家族觀照其他的家族，以我的鄉里觀照其他的鄉里，以我的國家觀照其他的國家，以我當前的天下觀照過去、未來的天下。我如何知道天下的情況？就是使用以上的方法。

善建、善抱者，不離於「道」，因此「以身觀身」也就是以「道」觀照他人。同理，「以家觀家」至「以天下觀天下」，均是以「道」觀照。換言之，立足不割裂的渾全大道，則可觀照並且了解整體中的其他存在，以及古往今來、乃至未來之天下。亦即立足「道」的整體性，由於整體長存，故不受時空限制，與整體同在，呼應前述「子孫以祭祀不輟」之生命綿延不絕。

本章指出不僅自己不離於「道」，並且喚醒天下人人都不離「道」的整體性，則不受時空限制而永存，彰顯老子對「道」的清晰覺察。

五十五章

溫柔如嬰兒抑或固執於強壯，對人生有益？「道」是否排斥強壯？

含德之厚，比於赤子。蜂蠆虺蛇不螫，猛獸不據，攫鳥不搏。

「德」可藉《淮南子・齊俗篇》「得其天性謂之德」來了解，指天性本質。「蠆」：長尾蠍。「虺蛇」：毒蛇。「螫」：蟲類以尾部刺人。「據」：抓。「攫鳥」：飛鳥以腳爪取物。「搏」：撲抓。

天性淳厚之人，如同初生的嬰兒。蜜蜂蛇蠍不刺他，猛獸飛禽不抓他。

這是指天性飽滿無缺之人，如同初生嬰兒一般的溫柔，與萬物和諧共存，不製造緊張與對立，所以不遭受攻擊。

骨弱筋柔而握固。未知牝牡之合而朘作，精之至也。

「牝牡」：雌雄。「朘」：男嬰的生殖器。「作」：舉起。

筋骨雖然柔弱，但是號哭時，拳頭握得很緊。不知雌雄之交合，但是用力時，生殖器自然舉起，這是精氣飽滿的自然現象。

終日號而不嗄，和之至也。知和曰常，知常曰明。

「嗄」：沙啞。

雖然整天號哭，但是喉嚨不沙啞，這是因為生命極至的和諧。了解和諧，稱做「常」。了解「常」稱做「明」。

這是指嬰兒雖然號哭，但屬自然狀態，並未失去生命的和諧。天性淳厚的悟道者，觀察嬰兒雖哭但也時常笑，了解哭與笑並存於嬰兒的生命中，這就是嬰兒生命的和諧與常態，一如人生的常態就是悲喜並存。觀照「哭與笑」、「悲與喜」的生命整體，而不僅只察見單一片面，則是「明」的智慧。

益生曰祥，心使氣曰強。

「益生」：過度養生。「祥」：妖祥、不祥。「心」指意念。「氣」：通常學者認為指生理本能的運作；或許也可認為指打坐、煉氣，以自然呼吸為前提。「心使氣」以意念指使生理運作或呼吸；打坐、煉氣，本以自然呼吸為宜，因此如果以意念指使呼吸的氣息，則不符合自然。「強」：逞強，指不自然。

過度養生稱做不祥。以意念指使生理運作或呼吸的氣息，則不符合自然，稱做逞強。

五十章曾說明「生死」一體不可分，求「生」的同時，不可避免的，也就是求「死」，所以過度養生，反而使生命提早結束；理想狀態則是通達「生死」一體，無所執著亦無所排斥，順應生死之自然。但是如果不具有上述觀照整體之「明」的智慧，不明瞭「生死」是不可切割的一體之兩面，遂有過度養生之舉，遠離如同嬰兒的自然狀態，則將成為不祥與不自然的逞強。

物壯則老，謂之不道，不道早已。

「已」：結束，指死亡。

萬物發展至極度強壯，必趨向衰老，這稱做不符合「道」。不符合道，則將早早結束，進入死亡。

以上三句敘述，亦曾記載於三十章，本書於該章曾說明：老子並非指出「盛極而衰」不合乎「道」；反之，「盛極而衰」正是事物發展的自然法則。只不過大眾過度偏愛壯碩，也都刻意將事物推展至壯碩，並且竭力執著於壯碩。因此老子指出：如此極端強求與執著的舉動，背離「道」順應自然以及不執著的流動本質，所以不但無法長期持續，反將自促死亡。本章則是揭示：無庸強求長生、壯碩，不妨如同嬰兒之溫柔，與萬物和諧並存，也就是前述「蜂蠆虺蛇不螫，猛獸不據，攫鳥不搏」，不遭受傷害，而是順隨自然的「出生入死」（五十章）。

五十六章

悟道者，是否言說？他與大眾是否完全相同？抑或不同？

知者不言，言者不知。

「知者」指了解「道」的智者。「不知」指不了解「道」。了解「道」的智者，不多言多語。言說之人，不必然了解「道」。

悟道者明瞭一章「道可道，非常道」之旨，明白語言文字的侷限性，所以並不多言多語。然而這並不表示完全不使用語言文字，試想：老子著書即是以語言文字說明「道」；所以不可因本章文字字面，便誤以為是完全不使用語言文字，而是應當如同老子一般，恰如其分的言說。

由於介紹「道」的意涵，必須使用語言文字，因此，言說之人或許了解「道」，但也或許不了解「道」，故為不必然了解「道」。在此亦不可因文字字面，便誤以為言說之人必定不了解「道」；否則，老子亦是以語言文字說明「道」，然而老子豈是不了解「道」的意涵？

塞其兌，閉其門，挫其銳，解其紛，和其光，同其塵，是謂玄同。

「塞」、「閉」指節制。「兌」指耳目鼻口之感官。「門」指嗜欲的門徑。「挫」：削減，指收斂。「銳」指鋒芒。「和」指隱藏。「玄」：深遠。

節制耳目鼻口之感官欲求，節制嗜欲。收斂鋒芒，不誇耀。化除紛雜繁多，回歸單純。隱藏光芒，以與塵俗混同。這叫做深遠的「玄同」。

「塞其兌，閉其門」曾記載於五十二章，「挫其銳」至「同其塵」亦曾記載於四章。「塞、閉、挫、解、和」均為減法，然而大眾對於生活中的各個面向，總是執著於使用加法。試問：是否一逕使用加法，即可成就理想人生？三章、四章、四十八章、五十二章都曾說明，老子呼籲本於自覺，適度節制，適時使用減法，方為上策。本章之悟道者即是如此。

另外，之所以可能「同其塵」與塵俗混同，是因為悟道者明瞭「生命與天地萬物」一體不可分，所以對整體中的一切存在，均無所排斥，不以「此」為「好」，也不以「彼」為「不好」，無好壞之比較與對立，故可自然做到和光同塵。亦即「同其塵」並無貶意，而是悟道者混同於萬物皆恰如其分存在的整體中。

故不可得而親，不可得而疏，不可得而利，不可得而害，不可得而貴，不可得而賤，故為天下貴。

大眾無從與他親近，也無從與他疏遠。不因他而獲利，也不因他而受損害。不因他而尊貴，也不因他而卑賤。因此他受到天下人的看重。

這是指悟道者雖然與大眾混同，但是由於他具有與「道」相同的不執著特質；因此，他的「玄同」並不停滯於完全與大眾相同的狀態，而是靈動不居，適時流動變化。故知「不可得而親、疏、利、害、貴、賤」，並非什麼都沒有的頑空，而是與大眾的關連性，既不固定於「親、利、貴」，也不固定於「疏、害、賤」，因此可描述為「不親而親，疏而不疏，不利而利，害而無害，不貴而貴，賤而不賤」，靈活而不呆滯固定，這也就是悟道者之所以「為天下貴」的原因。

另外，「為天下貴」也可了解為：是「道」受天下人的推崇與看重。因為悟道者「不可得而親、疏、利、害、貴、賤」，即為「道」不執著特質的表現，所以天下人由悟道者的行止，進而了解「道」，並且推崇「道」。

本章自我提醒：雖然「塞其兌，閉其門，挫其銳，解其紛」，適時使用減法，與大眾不同，但應「和其光，同其塵」與大眾混同，這是由「不同」流動為「混同」；然而「不可得而親、疏、利、害、貴、賤」卻又不停滯於完全與大眾相同的狀態，無疑是再次由「混同」流動為「不同」。由此可知老子的「玄同」深具不拘泥不僵化的意涵，誠然不是一眼即可看穿的深遠之「同」。

五十七章

治國用兵，可否一成不變？國家為何混亂？如何恢復安定？

以正治國，以奇用兵，以無事取天下。

「無事」指無為。「取」：治。

以正道治國，以出其不意的奇特對策作戰，以無為治理天下。

這是指面對治國、用兵、治理天下等等不同的情況時，應以不同的方式來處理，亦即不以一種固定的行為模式處理各種不同的事務，並非一成不變而是隨機應變。至於隨機應變即是依循「道」順應自然、當為則為、不當為則不為的「無為」準則。換言之，「以正治國，以奇用兵，以無事取天下」均為順應自然的表現。

吾何以知其然哉？以此。天下多忌諱，而民彌貧；民多利器，

國家滋昏。

「忌諱」指禁忌、禁令。「貧」有二義：（一）窮；（二）困。「利器」指奇謀詭詐。「滋」指更加。

我如何明白以上的道理呢？是依據以下的事實：天下的禁忌與禁令愈多，民眾愈貧窮或愈受到困限；民眾的奇謀詭詐愈多，國家愈混亂。

這是指禁忌與禁令（例如：禁止接近上位者的家族園林），使民眾的生活受限，因此民眾欲破除或降低這些限制，便以各種詭詐行徑做為相應對策，國家也就因此而出現許多亂象。亦即「天下多忌諱與民彌貧」、「民多利器與國家滋昏」相應而生，它們是不可切割的一體之兩面。

人多伎巧，奇物滋起。

「伎巧」：技巧、智巧。「奇」指新奇、奇異。

民眾的智巧愈增長，新奇、奇異之物愈多。

以上記載引來批評，指責老子反對智巧，將無新奇發明，社會亦無法進步。但是何謂「進步」？以智巧所製造的新奇發明，是否即為進步？例如：飛機的發明，誠然為人們的生活帶來方便，但是進步顯然不應僅指生活的便利性，也應包括人們和樂相處，社會安祥，世界和平。以此，飛機於戰時，被用做轟炸機，轟炸敵國的後方，造成後方民眾大量死傷，使得戰爭傷亡人數遠遠超出飛機發明之前。試問：這是否為進步呢？故知智巧與新奇發明，皆具有一體兩面的性質。老子和盤托出，指出常識未留意的另一面，其意涵並非只是字面的反智巧發明而已。

法令滋彰，盜賊多有。

法令愈多，盜賊也愈多。

這是因為法令多如牛毛，使民眾動則得咎，稍一不慎便成為法令處罰的罪犯；同時也因為處處受限，生活艱困，因此民眾被迫鋌而走險，成為盜賊。換言之，「法令滋彰與盜賊多有」也是一體的兩面。

故聖人云：我無為而民自化，我好靜而民自正，我無事而民自富，我無欲而民自樸。

「化」指發展。「無事」指無為。「富」指完備。「無欲」指節制欲求。

因此聖人說：我以順應自然的無為準則治國，民眾自然依其本性而發展。我保持安靜，民眾自然走上理想正道。我無為不擾民，民眾自然將使其生活成為完備富足。我節制欲求，民眾自然也都敦厚樸實。

上位者「無為、好靜、無事、無欲」，即是依循「道」順應自然的無為準則，遂有「自化、自正、自富、自樸」的結果。至於前述「天下多忌諱、民多利器、人多伎巧、法令滋彰」，則是未能依循「道」順應自然的前提，遂有「民彌貧、國家滋昏、奇物滋起、盜賊多有」的結果。前後併觀，清晰可見「作用力與反作用力」、「行為與結果」相應而生，是不可切割的一體之兩面。

五十八章

如何施政，對民眾有益？是否緊握「福」，即可遠離「禍」？

其政悶悶，其民淳淳；其政察察，其民缺缺。

「悶悶」：昏昏，指寬大。「察察」指嚴苛。「缺缺」指狡獪、不厚道。

國君施政寬大，則民風純樸敦厚；施政嚴苛，則民風狡獪、不厚道。

施政寬大，亦即順應民眾的自然天性，不制定不恰當的規定，民眾也就以自然天性生活、發展，不失本性之淳厚。反之，若不順應民眾的天性，制定過度嚴苛的規定，處處限制民眾的生活，民眾欲破除或降低這些嚴苛規定所造成的不便，遂以各種狡詐行徑做為應對之策。換言之，「政悶悶與民淳淳」、「政察察與民缺缺」相應而生，是一體的兩面。

禍兮福之所倚，福兮禍之所伏。

「兮」：語助詞，不具特殊意涵。

禍啊，福就倚靠在它旁邊；福啊，禍就伏藏在它之內。

這顯然與常識的看法不同，常識認為「禍／福」互斥不並存，但老子指出互為對照的「禍與福」相依相隨，是無從切割的整體。例如：遭受挫折，雖然是「禍」，但因此而謹慎處理並且努力不懈，則將創造亮眼的成就，亦即轉禍為福。反之，長久一帆風順，雖然是「福」，但不免逐漸失去堅忍以及應變的能力，此時如果遭遇通常人們皆可處理的些許波折，卻因為業已習慣風平浪靜而無可應對，遂衍生為嚴重的困頓，亦即由福轉禍。

孰知其極？其無正。

「極」：終極，指究竟。「正」有二義：（一）正面；（二）定。

誰知道禍、福的究竟？它們並沒有所謂的正面；或它們並不固定。

這是指「福」將流轉變化為不可切割的「禍」，「禍」亦將流轉變化為不可切割的「福」；

雖然常識認為「福」是正面，但當它變化為「禍」時，它仍然是正面嗎？

此外，也可由另一面向來了解：由於「禍福」相倚相伏，流轉無極，所以孰者為「禍」？孰者為「福」？並無正確答案。

正復為奇，善復為妖。

「復」：反。「奇」：邪，恰與「正」相反。「妖」：不善，恰與「善」相反。「正」反轉為「奇」（邪），「善」反轉為「妖」（不善）。

這是因為「正與奇（邪）」、「善與妖（不善）」是不可切割的一體之兩面，亦即如果認為眼前際遇為「正、善」，那麼必有相應而生的「奇（邪）、妖（不善）」，只不過當前未必顯現、未必同時看見罷了。然而「正、善」必將逐漸變化而呈現出一體兩面的另一面——「奇（邪）、妖（不善）」；至於「奇（邪）、妖（不善）」亦不固定於此，而將變化為不可切割的「正、善」。

以上記載，仍然印證互為對照的兩方是無從切割的整體，雙方相互流通。

人之迷，其日固久。

「迷」兼指無自覺及執著。

人們由於未能自覺而執迷，業已時日久長。

亦即人們未能自覺，未能以整體的智慧觀照人生，因此執迷於「福、正、善」，以為這是理想狀態，殊不知「福、正、善」將變化為「禍、奇、妖」，並無永遠不變的「福、正、善」。

是以聖人方而不割，廉而不劌，直而不肆，光而不耀。

「廉」：銳利。「劌」：傷。「肆」：直，「不肆」：不直，指彎曲、委婉。

聖人方正，但不割傷民眾；銳利，但不傷害民眾；聖人雖直而委婉；雖有光芒，但宛若無光。

以下各述其義理，首先看「光而不耀」，「耀」是光，「光而不耀」即是「光而不光」，指聖人雖有光芒，但不炫耀，宛若無光。這是指聖人了解「光與無光」是無從切割的整體，所以不拘泥於「光」之一隅，並且適時呈現一體兩面的另一面「無光」。

再看「直而不肆」即為「直而不直」，直而委婉。這是指聖人治國以「直」行事，但因具備整體的智慧，故視時機需要，適時呈現一體兩面的另一面「不直」——以委婉行事。

再看「方而不割」，指聖人方正但不割傷民眾。這是指聖人具有整體的智慧，隨機應變，可適時將「方」調整為一體兩面的另一面「圓」，以圓融接引民眾，故不造成割傷。

再看「廉而不劌」，聖人銳利，但不傷害民眾。這是指聖人實踐整體的智慧，可適時將銳利調整為一體兩面的另一面——不銳利的圓融，以變通的態度帶領民眾，故不造成傷害。

此外，也可了解為：聖人的「方、廉、直、光」均為順應自然、當為則為、不當為則不為，亦即前述「其政悶悶」施政寬大，順應民眾的自然天性，適時調整行止，所以施政恰如其分，對民眾也就「不割、不劌、不肆、不耀」不造成壓迫感。以此，民眾亦不失本性之淳厚，也就是前述「其民淳淳」。

五十九章

誰在自覺服從「道」之前，就已經服從「道」？放縱抑或自制者？

治人事天，莫若嗇。夫唯嗇，是謂早服。早服謂之重積德，重積德則無不克，無不克則莫知其極。莫知其極，可以有國。有國之母，可以長久，是謂深根固柢，長生久視之道。

「事」：奉，指遵循。「天」指自然。「嗇」：不浪費，指節制、收斂。「重」：厚。「德」指自然天性。「有國」指治國。「母」指嗇，節制之意。「柢」：根。「視」指存活。

治理民眾，遵循自然，沒有比節制收斂更好的方法。正因為遵循「嗇」之節制，所以可稱為早早就服從於「道」。早早服從於「道」，稱做深厚積累自然天性。深厚積累天性，則沒有不能克服勝任的。沒有不能克服勝任的，則無法揣測他的極至。無法揣測他的極至，那麼他就可治理一個國家。了解治國的根本，也就是「嗇」之節制收斂，則可長治久安。這稱做深深扎根穩固根基，是長久存活的法則。

節制收斂，也就是使用減法，老子於書中曾多次指出，例如八章「不爭」、九章「功遂身退」、二十二章「不自見、不自是、不自伐、不自矜」等等；然而這與常識恰好相反，世人通常執著於使用加法，縱然情勢不宜使用加法，仍然固執不變。唯有「道」以不執著的特質，隨機應變，當不宜使用加法時，便適時改用減法。「嗇」即是具有與「道」相同的不執著特質，將適時使用減法。

不過，本章之「嗇」並不意謂無止盡的使用減法。四十八章業已說明，使用減法是以順應自然的「無為」做前提；故知「嗇」亦是以順應自然為前提。另外，由於「道」即是依循順應自然、當為則為、不當為則不為的「無為」法則，故知「嗇」之順應自然，也就是與「道」同步。換言之，實踐「嗇」之人，就是在覺察自己服從「道」之前，就已經服從於「道」，故可稱為「早服」。

由於服從「道」，適時使用加法或減法，不扭曲天性，所以天性飽滿無損，故稱「重積德」；由此亦知「重積德」的意涵並不在於字面，並非一逕使用加法，而是當加則加，當減則減，恰如其分。至於「無不克，莫知其極，可以有國，可以長久」則為服從於「道」，故可無窮運作的後續發展與結果。

六十章

如何治國，不至於傷害民眾？何以立足「道」，即可「兩不相傷」？

治大國，若烹小鮮。

「烹」：煎。「小鮮」指小魚。

治理大國，如同煎小魚。

這是指魚肉易碎，所以煎魚時不可過度翻動，但也並非全然不翻動，否則小魚一面業已焦黑，另一面仍未全熟。故知治國應依循無為法則，順應民眾的自然本性，當為則為，不當為則不為。

以道蒞天下，其鬼不神。非其鬼不神，其神不傷人。非其神不傷人，聖人亦不傷人。夫兩不相傷，故德交歸焉。

「蒞」指面對、治理。「鬼不神」指鬼不能作祟。「聖人」指國君。「兩不相傷」有二意：（一）鬼神、國君都不傷害民眾；（二）不發生兩方互相傷害的情況。「德」可藉《淮南子・齊俗篇》「得其天性謂之德」來了解，指自然本質。「交」：都。

以「道」治理天下，鬼就不能作祟。非但鬼不能作祟，神祇也不能傷人。非但神祇不能傷人，國君也不傷害民眾。鬼神、國君都不傷害民眾；或不發生兩方互相傷害的情況，所以人人都回歸於自然天性。

之所以不發生兩方互相傷害的情況，是因為聖人立足「道」的整體性，了解在不割裂的渾全大道中，並無「鬼神、聖人、民眾」的分別；亦即明瞭「天地萬物、鬼神、聖人、民眾」是不可切割的混融整體，所有存在是「一」而不是「二」；因此聖人引領整體中的每一分子，皆以恰如其分的方式與其他存在互動，故不發生兩方互相傷害的情況。以此，人人的天性本質也就完足無缺損。

六十一章

大國如何方可獲得小國的追隨？謙讓包容抑或傲慢排斥？

大國者下流，天下之交，天下之牝。

「交」：交會，指會歸、歸往。「牝」：雌性，指母。

大國所處的位置，較一般河流更為低下，是天下河流歸往之地，是天下之母。

大國在心態上並不自以為「大」而是自以為在「下」，亦即實踐五十九章之「嗇」，自我節制與收斂。以此，則如同大江大海，位置較一般河流更為低下，則天下的河水（小國）皆流向它；亦即有容乃大，如同天下之母，包容天下之水流（小國）而無所排斥。

牝常以靜勝牡，以靜為下。

「牝」：雌性。「靜」有二意：（一）安靜；（二）不躁進、不執著，而是順應自然。「勝」指勝任、承擔。「牡」：雄性。「下」有二意：（一）位置低下；（二）以自己為「下」的心態。

雌性（母性）總是能以安靜（或順應自然）承擔雄性，安靜所處的位置就是較為低下；或不躁進、順應自然就是以自己為「下」。

這是指雌性（母性）安靜、不躁進、不執著，而是順應自然，故可承擔雄性之急切躁動。安靜、順應自然就如同大江大海，所處的位置低下，也就是心態自以為在「下」，所以包容承擔雄性而非排斥。

故大國以下小國，則取小國；小國以下大國，則取大國。

「下」兼指心態與行為之謙下。

大國對小國謙下，則取得小國的信任與追隨；小國對大國謙下，則取得大國的信任與協助。

故或下以取，或下而取。大國不過欲兼畜人，小國不過欲入事人，夫兩者各得其所欲，大者宜為下。

「或」：有。「而」：以。「兼」：累積，指多。「畜」：養。

所以，有的是因謙下，取得信任與追隨；有的是因謙下，取得信任與協助。大國不過是希望多多畜養他人（小國），小國不過是希望依附於他人（大國）。如此兩方各自達成心願，大國應處於低下的位置，或以自己為下。

大國與小國，雙方都自我節制與收斂，無論是心態或行為，都以對方為「上」，都以自己為「下」，相互謙讓有禮，則可各得所欲，同蒙其利。反之，任一方不以對方為「上」、不以自己為「下」，則雙方都不能各得所欲。由於自以為「小」的小國，通常都是謙下自抑，因此，本章提醒自以為「大」的大國，必須思考應如何表現恰當的舉止，以得其所欲？老子提出「下」——以自己為下，也就是五十九章之「嗇」——自我節制與收斂。

此理不僅適用於國家之間，亦適用於人際相處；聰明且能力高強之人，心態與行為都難以實踐謙下有禮，但若果真落實，大眾必定心悅誠服地追隨他的領導。

六十二章

「道」是否有所排斥？抑或大度包容？誰需要被赦免？

道者萬物之奧。善人之寶，不善人之所保。美言可以市，尊行可以加人。人之不善，何棄之有？

「奧」有二意：（一）尊貴；（二）庇蔭。「市」：買賣交易的場所，指受歡迎。

「道」是萬物最推崇的存在；或「道」是萬物的庇蔭。它是善人的寶貝，不善人的依靠。美言受人歡迎，高尚的行動可加之於人，使人追隨。人雖不善，「道」怎會捨棄他？

「道」是不割裂的整全，以「道」觀之，並無「善或不善」之可言。上述記載「善人之寶，不善人之所保」，便已彰顯「道」不同於常識，對「善與不善」無所切割、分別的本質。所以即使被常識指為不善，「道」亦不捨棄之，故記載為「人之不善，何棄之有」。

故立天子、置三公，雖有拱璧，以先駟馬，不如坐進此道。古之所以貴此道者何？不曰求以得，有罪以免邪！故為天下貴。

「三公」：太師、太傅、太保，輔佐周天子的三位重要大臣。「拱璧」：大璧。「先」指古人贈送禮物，先送上較輕之禮，再送上貴重之禮。「駟馬」：一車四馬。「坐」指跪坐；古人席地而坐，雙膝跪於地，臀部坐於後腳跟，稱之為「坐」。

所以設置天子與三公，雖然先送上大璧，再送上一車四馬做為獻禮，但卻不如跪坐著，送上「道」做為獻禮。古代之所以重視「道」的原因何在？不正是說：只要想求「道」，就可得「道」；有罪者可獲得赦免嗎？因此受到天下人的看重。

被常識指為有罪者，亦如不善之人，並不被「道」拋棄而是被赦免。實則，更進一層而言，立足「道」的整體性，並無「有罪或無罪」的分別；亦即在整體中，與其他存在恰如其分的互動，則不產生「有罪或無罪」的問題。以此，則無任何人需要被赦免。換言之，並非求道、得道，就被赦免，而是不離「道」的整體性，則無人需要被赦免。

大眾都排斥「不善」，只願意接受「善」；但是本章「不善人之所保」、「人之不善，何棄之有」、「有罪以免」，一再彰顯「道」兼容並蓄，無所排斥的包容性。或許正是因為大度包容而非排斥，故可引導「不善」適時節制不當的舉動，進而逐漸呈顯自然天性中的「善」。這也就是「道」之所以「為天下貴」的原因。

此外，「道」不遠人，它無所不在地存在人們的生命中，以及人們存活的環境中；因此，只要人們想求「道」，當然都可得「道」，老子在此並非虛言。

六十三章

何謂「整體」？「大與小」是否不相干？「難與易」是否無關？

為無為，事無事，味無味。大小多少，報怨以德。

「無事」指無為。「德」：惠，指友善、恩惠。

依循無為，從事無事，品味無味。大由小累積而成，多由少積聚而來。以友善回報怨懟。

老子之言印證互為對照的兩方是無從切割的整體，雙方相互流通；亦即「小、少」累積則成為「大、多」，故知「大與小」、「多與少」並不互斥，而是不可切割的整體。

至於「報怨以德」，是因為老子具有與「道」相同的不執著特質，如果發現常識慣用的「以怨報怨」無法圓滿處理事務，則將適時採用「德」之友善，予以安頓處理，而非一逕執著於「以怨報怨」。

圖難於其易，為大於其細。天下難事，必作於易；天下大事，必作於細。

「圖」：規劃。「作」指產生。

處理艱難之事，應在它容易的時候開始規劃。處理巨大之事，應在它細微的時候開始著手。天下艱難之事，都由容易的地方開始產生。天下巨大之事，都由細微的地方開始發生。

這就是上述的「大小多少」；亦即「大與小」、「多與少」一體不可分；同理，互為對照的「難與易」也是無從切割的整體。如果具有整體的智慧，了解萬物皆由小而大，由易而難；亦即穿透當前事件的表相，由小知大，由易知難，察見完整的全貌，觀照一體的兩面，即可早做安排與處理，故言「圖難於其易，為大於其細」。

是以聖人終不為大，故能成其大。

聖人始終不自以為大，所以能夠成為大。

這仍然印證互為對照的「大與小」是無從切割的整體，雙方相互流通；亦即心態上「不自為大」就是「不大」（小），但它與「大」無從切割，故將流轉變化為「大」。

夫輕諾必寡信，多易必多難。

很輕率就承諾的人，必定很少守信用。認為事情容易處理的人，後來必定將認為事情艱難不易處理。

「輕諾」之人也就是「多易」之人，由於未能胸懷整體，不知互為對照的「難與易」是一體的兩面，乍見「易」的單一片面，未見「難」的另一面，便輕易允諾，而後見到「難」的一面時，則因無法履行承諾，遂成為不守信的「寡信」之人。這也印證互為對照的「難與易」是無從切割的整體。

是以聖人猶難之，故終無難矣。

聖人認為所有事情都困難，因此最終是沒有困難。

這一方面是聖人認為困難，故特別慎重，因此事件最終獲得圓滿處理，遂成為「終無難」；另一方面也印證互為對照的兩方是無從切割的整體，雙方相互流通；亦即「難與無難（易）」一體不可分，故「難」流轉變化為「無難（易）」。

六十四章

什麼是洞燭機先的智慧？誰具有察見完整全貌的觀察力？

其安易持，其未兆易謀，其脆易泮，其微易散。為之於未有，治之於未亂。

「泮」指消解、分解。

情況尚安定之時，易於掌握。事情尚無徵兆時，易於規劃。事情在脆弱時，易於消解。事情在細微時，容易消散。在事情尚未出現前，就處理好。在事情尚未混亂前，就治理好。

以上敘述均為洞燭機先。之所以可能洞燭機先，並非有超自然的神通而是具有整體的智慧；亦即在見到「安、未兆、脆、微」之時，即知必有一體兩面的另一面——「動盪、有、堅硬、巨大」，只不過現在未必看見罷了，因此即時採取安頓措施，而非禍亂劇烈發作後，再行處理。

合抱之木，生於毫末；九層之臺，起於累土；千里之行，始於足下。

「毫末」指極其細微。

張開雙臂才能環繞的合抱大樹，由極細微的小苗長成。九層高臺，由一筐筐的土累積而成。千里的行程，由腳下一步步的走出來。

這是指「大、高、遠」都由「小、低、近」逐漸累積而成，也就是「大與小」、「高與低」、「遠與近」一體不可分。

為者敗之，執者失之。

「為」指不順應自然的有為。

有為之人將失敗，把持抓取之人將落空。其義理可參看二十九章。

是以聖人無為故無敗，無執故無失。

聖人依循無為法則，當為則為，不當為則不為，所以沒有失敗。不刻意把持抓取，所以不失去落空。

這印證互為對照的兩方是無從切割的整體，雙方相互流通；亦即「無執與執」一體不可分，因此「無執」將流轉變化為「執」，故不失去。此外，也可了解為：聖人依循無為法則，順應自然而不強求，具有與「道」相同的不執著特質，所以事件發展至終，如果仍然是失去了，也不至於產生負面的「失、敗」感受，而是平和的接受此一自然發展的結果。

民之從事，常於幾成而敗之。愼終如始，則無敗事。

「幾」：近。

一般民眾做事，總在即將成功時卻失敗了。如果對於即將結束的事情，也如同開始時，那麼地謹愼，則不至於失敗。

「終與始」一體不可分，如果了解它們是無從切割的整體，也就不至於在幾近成功而尚未成功時，有所鬆懈與輕忽，那麼也就不會失敗。

是以聖人欲不欲，不貴難得之貨；學不學，復眾人之所過。以輔萬物之自然，而不敢為。

「不欲」指節制欲望。「不學」指節制知識。「復」：補救。「過」：過失，指不予節制，過度增加知識的過失。「為」指不順應自然的有為。

聖人想要的是節制欲望，不看重稀有的財貨。想學的是節制知識，補救眾人過度增加知識，不予節制的過失。輔助萬物依循自然本性，而不敢做出不順應自然的舉動。

之所以「不欲」是因為不節制的無限追逐欲望，並不能使人活得好，反而是本於自覺，適度節制欲望，可使人活得更好。至於「不學」是因為增加知識的同時，不免誘發情欲，所知愈多，欲求愈多，遂因多知多欲而有更多攪擾；因此本於自覺，適度節制知識的增加，才是安頓生命的良策。

聖人立足不割裂的渾全大道，與天地萬物混融為不可切割的整體，而且依循無為法則，順應自然，因此可輔弼萬物不離自然天性，不至於做出違逆自然、過度極端與執著的舉動，故記載為「不敢為」。

六十五章

以智巧治國，是否為國之福？可否使國家長治久安？

古之善為道者，非以明民，將以愚之。民之難治，以其智多。

「明」指機智、智巧。「愚」兼指純樸以及順應自然。

古代擅長以「道」的智慧治國者，並非使民眾具有智巧，而是使民眾純樸並且順應自然。民眾難以治理，就是因為智巧過多。

以上敘述遭受批評，指責老子採愚民政策。然而老子若果真「愚民」，又何須寫下使人們擁有大智慧的五千言？更且二十章曾說明老子之「愚」，不是常識之愚；例如老子「無為」，順應自然，順應萬物的性質，沒有自己的意見，也不強求在整體中顯現任何獨特性，不同於大眾總是有自己的意見、總是以智巧強求在整體中占有獨立突出的位置。故知老子之「愚」最貼合自然，也就是順應萬物自然的性質，不是常識之愚笨。以此，本章之「愚」

不是愚民，而是引導民眾順應自然。

故以智治國，國之賊；不以智治國，國之福。

因此，以智巧治國是國家之賊；不以智巧治國是國家之福。

三章曾說明：上位者的行為與民眾的回應，是不可切割的整體。因此上位者如果不順應民眾的自然天性，而是以自己的智巧治國，則民眾也將以智巧奇謀行事，不免出現五十七章「民多利器，國家滋昏」的亂象。反之，上位者如果不以智巧治國，而是依循順應自然、當為則為、不當為則不為的「無為」準則治國，那麼，民眾也就不離自然天性的質樸，則國家安定祥和。亦即「作用力與反作用力」相應而生，是不可切割的一體之兩面。

知此兩者，亦稽式。常知稽式，是謂玄德。

「亦」：即。「稽式」指法則。「玄」：深遠。

明白上述兩者，即是了解治國法則。總是明白上述治國法則，稱為「玄德」，具有深遠而非淺薄的智慧。

不過，或許也可了解為：由上述「以智治國，國之賊；不以智治國，國之福」的舉例，進而明瞭所有相互對照的兩方，都是不可切割的整體，都是相應而生的一體之兩面，也就是明瞭整體的義理，則可稱為「玄德」。

玄德深矣，遠矣，與物反矣，然後乃至大順。

「物」指人。「反」有二意：（一）相反；（二）指四十章「反者道之動」循環反復。「大順」指順應自然。

玄德深遠，它與人們的想法相反；或帶領人們與「反者道之動」同步，然後可達到順應自然的狀態。

人間世事，無不具有一體兩面的性質。常識稱讚智巧，然而老子和盤托出，指出常識未留意的另一面。亦即玄德穿透表象，洞見隱藏於表象之內，尚未顯現的裡層；由於看見更深更遠之處，也就是察見一體的兩面，察見完整的全貌，所以它的治國之道，相反於僅只停留在局部表象的常識。然而以它為治國法則，可使國家在順應自然的狀態下，長治久安；至於停留在局部表象的常識，則是以智巧治國，若以之長期運作，便不免出現「民多利器，國家滋昏」的亂象。

此外，也可了解為：「玄德」明瞭所有相互對照的兩方，都是不可切割的整體，萬事萬物也都在整體中，依循「反者道之動」循環往復的方式運作，因此帶領人們放下智巧、意見，與「道」同步流動變化，以此而貼合自然，這是順應自然的「大順」，也是前述貼合自然之「愚」。

六十六章

上位者謙退不爭，民眾的回應是推崇抑或厭棄？

江海所以能為百谷王者，以其善下之，故能為百谷王。

「王」：往，指歸往。

大江大海之所以成為百川河谷的水流所歸往，是因江海善於停駐低下之處，所以百川河流皆歸往之。

這是因為水往低處流，江海的位置必定是更為凹陷低下，所以川谷之水流往江海。

是以欲上民，必以言下之；欲先民，必以身後之。

所以聖人希望在民眾之上，言談間必定表現得更為謙下。希望領先民眾，必定站在民眾之後。

治國的上位者，身分地位本就在民眾之「上、先」。然而上位者如果具有與「道」相同的不執著特質，並且胸懷整體智慧，則明瞭互為對照的「上與下」、「先與後」是無從切割的整體，雙方相互流通；因此如果執著在「上、先」，則將流動變化為不可切割之一體兩面的另一面——「下、後」。反之，上位者如果踐履「下、後」，則將流動變化為一體兩面的另一面——「上、先」。因此本章記載為「欲上民，必以言下之；欲先民，必以身後之」。換言之，老子提醒上位者應向江海學習，愈是居下謙退，愈是四海歸心，進而揭示互為對照的「上與下」、「先與後」的整體義理。所以，讀者不可僅僅停滯在文字字面，不可誤以為老子耍弄權謀心機，而應穿過文字，了解字裡行間蘊藏之意涵。

是以聖人處上而民不重，處前而民不害，是以天下樂推而不厭。

「厭」有二義：（一）厭棄；（二）饜，指飽足。

所以聖人雖站在民眾之上，但是民眾不覺得是一重擔；雖站在民眾之前，但是民眾不覺得受壓迫傷害。所以天下民眾都樂於推崇聖人而不厭棄；或推崇而沒有足夠之時。

這是指上位者雖然在民眾之「上、前」，然而由於行為踐履「下、後」，因此對民眾「不重、不害」，故受到民眾的推崇。這再次印證三章曾說明，上位者的行為與民眾的回應，具有一體不可分的性質。

此外，也可由另一面相來了解：三章曾說明上位者與民眾共同組成國家之整體，雙方均為不可切割之整體的一部分，具有一體不可分的性質。因此，上位者在「上、前」，也就是民眾在「上、前」，所以對民眾「不重、不害」。

以其不爭，故天下莫能與之爭。

「不爭」有二意：（一）不執著；（二）不相爭。

因為聖人不執著或不爭，所以天下無人可與之相爭。

這是指聖人居於「下、後」之時，他人誠然無從與之相爭；但當聖人流動為「上、先」之時，他人也無從與之相爭。此外，也可由另一面相來了解：無論當前的處境，在他人看來是「好」抑或是「壞」，聖人都無所執著，也都沒有與他人相爭的意念，因此任何人也就無從與之爭。

六十七章

「道」像什麼？為何老子總能勝人一籌？是否因為胸懷「整體」？

天下皆謂我道大似不肖。夫唯大，故似不肖。若肖，久矣其細也夫。

「肖」：像。

天下人都說我的「道」太大了，似乎什麼都不像。正因為它大，所以似乎什麼都不像。這是指「道」涵容萬物，沒有任何一物在「道」之外，因此「道」大不可測。也就因為「道」涵容萬物，所以它不可能像是任何一個涵容在它之內的存在物，否則它就只是某一項存在物，而不能涵容萬物了，因此它什麼都不像。以此則知，如果說它像什麼，那麼不僅現在過於細小，而是很久很久以前就太過細小了，故記載為「若肖，久矣其細也夫」。

如果它像什麼，那麼早就太過細小了。。

此外，也可由另一面相來了解：「道」不僅涵容萬物，同時也內在於萬物。因此任一物象都是「道」的呈現，所以它沒有特定之形象。

我有三寶，持而保之，一曰慈，二曰儉，三曰不敢為天下先。慈故能勇，儉故能廣，不敢為天下先，故能成器長。

「儉」：儉約，指內斂、不炫耀。「不敢為天下先」指謙讓。「器」：物，指人。

我有三種法寶，一直秉持並保有著。第一是慈愛、慈悲；第二是儉約，也就是內斂、不炫耀；第三是不敢居於天下人之先，也就是謙讓。因為慈愛所以能勇敢；因為內斂、不炫耀所以能廣大；因為不敢居於天下人之先，所以能成為眾人的首長。

慈愛之勇，並非勇於侵略，而是在受到侵略威脅時，勇於防禦。必須往前衝，則勇往直前；必須謙退時，則勇於謙退，亦即勇於進也勇於退。內斂、不炫耀，之所以能廣大，是因為內斂之人，所遭受的阻力必定較炫耀之人少，因此更能為生命開拓寬廣的成就。不敢為天下先的謙退美德，必定受大眾愛戴，故可成為眾人的領袖。

以上記載揭示「慈與勇」、「儉與廣」、「不先（後）與器長（先）」相應而生，是不可切割的整體。

今舍慈且勇，舍儉且廣，舍後且先，死矣。

「今」有二意：（一）假設語，指如果；（二）現在。「且」：取。「後」指不敢為天下先的謙退。

現在如果捨棄慈愛，只求取勇敢；捨棄儉約內斂，只求取廣大；捨棄謙退，只爭取搶先；結果就是死亡。

捨去慈愛之勇，只是本能的一逕向前衝，不知適時謙退；捨去內斂，則成為炫耀，人生必將遭受極大的阻力；捨去謙退，一逕爭先，必與大眾產生嚴重磨擦；故此三者將為自己埋下殺機。

此外，也可藉著「慈與勇」、「儉與廣」、「不先（後）與器長（先）」是不可切割的整體來了解：由於捨棄整體的一方，也就是捨棄整體，因此整體的平衡與恰如其分的運作，都將一併失去。換言之，捨「慈」即捨「勇」，捨「儉」即捨「廣」，捨「不先」（後）即捨「器長」（先）；因此捨「慈、儉、不先（後）」僅只取「勇、廣、先」根本是做不到的，故老子記載為「死」。

夫慈，以戰則勝，以守則固，天將救之，以慈衛之。

「天」指自然。

慈愛用於戰爭，則可獲得勝利，用於防守，則鞏固。當自然要幫助人時，將以慈愛來保護他。

「慈與勇」相生，故秉持「慈」則自然生「勇」，而且因為胸懷「慈與勇」的整體，適時節制，知所進退，所以戰勝、守固。至於「以慈衛之」則是以「慈與勇」相應而生的整體，協助人們；亦即自然是以大道的整體性，協助人們。不過，在此不可因文字字面，誤以為「自然」將刻意保護慈愛之人；而是慈愛之人擁有「慈與勇」相生的整體智慧，周詳考量完整的全貌，因此，行為符合自然，所以也就行事流暢順利。

六十八章

「整體」的智慧，如何顯現於帶兵、作戰與用人等等面相？

善為士者不武，善戰者不怒，善勝敵者不與。善用人者為之下，是謂不爭之德，是謂用人之力，是謂配天，古之極。

「善為士」的「為」有二意：（一）擔任；（二）管理。「士」有二意：（一）將帥；（二）士兵。「武」指威武勇猛。「與」指爭鬥、交鋒。「德」指天性本質。「配」：合。

善於擔任將帥者；或善於管理士兵者（亦即將帥），並不威武勇猛。善於作戰者，冷靜而不輕易發怒。善於戰勝敵人者，不與敵人爭鬥、交鋒。善於用人者，對人謙下，這叫做不爭的天性本質，叫做用他人的力量，叫做符合天道自然，是自古以來的最高準則。

這是指將帥平日不逞威武勇猛，對部屬謙下溫和，愛護部屬如同子弟兵。所以一旦上戰場，平日受到愛護照顧的部屬，願意為將帥效命，奮勇殺敵；因此將帥雖然未與敵人交鋒，卻可贏得勝利。亦即平日以謙下不爭對待部屬，戰時即可用部屬的力量殺敵致勝。

此外，也可由其他兩個面相來了解：（一）「不武、不怒、不與、為下」都是「不爭」。八章曾說明「不爭」的意涵並不僅止於字面，而是不執著地立基於「不爭與爭」的混融整體，以整體待命，當爭則爭，不當爭則不爭。以此則知，具有不爭之德者，也都懷藏整體的智慧，他們的「不武、不怒、不與、為下」都不曾遠離「武、怒、與、為上」，亦即他們是「不武與武」、「不怒與怒」、「不與及與」、「下與上」混融的整體。他們以整體待命，應當「武、怒、與、為上」則呈現「武、怒、與、為上」；不當「武、怒、與、為上」則呈現「不武、不怒、不與、為下」。換言之，之所以「善為士、善戰、善勝敵、善用人」是因為他們胸懷整體，因應情勢，不執著地適時調整行為，故獲得上述成果。

（二）「不武、不怒、不與、為下」都是立足整體，是「善為士、善戰、善勝敵、善用人」的前提，是「因」而不是「果」。設若沒有「不武、不怒、不與、為下」，則「善為士、善戰、善勝敵、善用人」將不存在；亦即「善為士、善戰、善勝敵、善用人」不可能脫離「不武、不怒、不與、為下」而存在。

將「整體」的智慧，運用在帶兵、作戰以及用人等等不同之面相，則處處皆符合自然；亦即順應自然、當為則為、不當為則不為，故老子記載為「配天」。

六十九章

用兵可否一成不變？「無敵」是福抑或不然？哀兵是否必輸？

用兵有言，吾不敢為主而為客，不敢進寸而退尺。

用兵的人說過：我不主動採取攻勢，而是採取守勢。不前進一寸而寧可後退一尺。

是謂行無行，攘無臂，執無兵，扔無敵。

「行」：行陣。「攘」：舉臂。「扔」：擒拿。

這就是說：排列行陣，卻像沒有行陣。舉起手臂，卻像沒有手臂。手持兵器，卻像沒有兵器。擒拿敵人，卻像沒有敵人。

以上四句的敘述均為立即翻轉，表達流動不僵化的意涵。亦即以「道」不執著的特質，做為用兵準則，則可隨機應變，不以一種行為模式應對各種不同情況，靈活而不拘泥。

禍莫大於無敵，無敵幾喪吾寶。

「寶」有二意：（一）通常學者都認為是指六十七章的「三寶」：慈、儉、不敢為天下先；（二）指「道」的整體性。「幾」：將。

禍患沒有比無敵更大的，無敵將喪失我的三寶，或失落大道的整體性。

「無敵」之所以是最大的禍患，是因為無敵之人必定打遍天下無敵手，將天下人都打得抬不起頭來，以此遂失落「慈」之慈悲、「儉」之不炫耀、「不敢為天下先」的謙讓。此外，無敵尚有一項隱憂，因為打遍天下無敵手，也就是將天下人皆視為敵人；如此，實為「有敵」，而且敵人數之不盡。亦即在創造「無敵」的同時，便已製造「有敵」，也就是二章記載之「有無相生」。

此外，也可由另一面向來了解：三十一章曾說明人類與萬物並存於天地之間，本是無從切割的整體；人與人，國與國亦是不可切割的整體，本無敵我對立之可言。然而「無敵」

視天下人皆為敵人，則失落了大道渾全不割裂的整體性。

故抗兵相加，哀者勝矣。

「抗」：舉。「相加」有二意：(一)相交戰；(二)相當。「哀」：慈。

兩軍對戰，如果兵力相當，慈悲的一方將獲勝。

這是因為慈悲的一方，也就是「不敢為主而為客」的一方，是被動應戰，為了抵抗侵略，保衛國家而戰，士兵心中都懷有慈悲與慈愛，由於「慈故能勇」(六十七章)，也就是胸懷「慈與勇」相應而生的整體智慧，因此戰勝。亦即六十七章記載之「夫慈，以戰則勝，以守則固」。

七十章
誰了解「道」的真實？自覺者抑或無自覺者？

吾言甚易知，甚易行。天下莫能知，莫能行。言有宗，事有君。

「宗」有二意：（一）根本；（二）主旨。「事」指行事、行為。「君」有二意：（一）本；（二）主。

我的言論很容易了解，也很容易實踐。但是天下人卻不了解，也不能實踐。我的言論都有所本，有宗旨；行為也都有所本，有主旨。

老子對於「道」的了解，本於生命的真實與自覺。由於人人都擁有相同的真實，也都有自覺能力，因此老子認為他提出的義理，容易了解並實踐。然而這只是對高度自覺者而言，至於後知後覺、不知不覺的「中士、下士」（四十一章）則是「莫能知，莫能行」。

不過，更進一層而言，後知後覺與不知不覺之人，對於老子的義理（「道」），雖然「莫能知，莫能行」，但是他們仍在「道」的涵容之內。這是因為「道」大度包容，無所排斥，因此無論人們的行為如何，皆受「道」的涵容，皆不離「道」。也就因為人人都生活在「道」之中，皆受「道」的涵容，所以老子記載為「甚易知，甚易行」。

夫唯無知，是以不我知。知我者希，則我貴矣。

「不我知」：不知我。「我」兼指老子與「道」的義理。「希」：稀。「則」：取法。「貴」有二意：（一）稀少；（二）尊貴。

人們因為無知，所以不了解我、不了解「道」。了解我、了解「道」的人，十分稀少。能效法我、效法「道」的人，也很少見；或效法我、效法「道」的人，十分尊貴。

以上記載使我們明瞭老子對「道」的義理深具信心，相信高度自覺而且了悟生命的真實者，必定將追隨他、追隨「道」。至於效法老子、效法「道」之人，之所以尊貴，並非將有任何勳爵高位，而是生命有深度、有智慧，因此而尊貴。

是以聖人被褐懷玉。

「被」：穿。「褐」：粗布衣。

聖人外面穿著粗布衣，但是懷抱著美玉。

老子（或自覺者）擁有高遠的生命內涵，但並非穿著與貴族相同的高貴絲綢服裝，而是與低賤之人相同，穿著粗布衣裳，並不光采奪目。雖然如此，卻是懷藏千金不換的大智慧，也就是優點全都藏在裏面，並不炫耀。

此外，也可了解為：聖人融「褐」之樸素與「玉」之華麗於一身，以此揭示悟道者不呆滯任一隅落，具有與「道」相同的不執著之流動特質。

七十一章

孰為明智之舉？承認「不知」抑或掩飾「不知」？

知不知，上。

「上」指最好。

「知不知」的意涵有二：（一）知，卻不自以為知；（二）知曉自己無知。前者不自以為了不起，亦即不炫耀；後者則是承認自己有所不知，亦即真誠不欺。所以「知不知」是最好的。

不知知，病。

「病」指缺點。

不知，卻自以為知，是缺點。

這是指欠缺真誠，分明是「不知」，卻不誠實面對自己，強以為知，故為缺點。

夫唯病病，是以不病。

「病病」：將缺點當做缺點，也就是將「不知知」——分明「不知」，卻強以為知的行為，當做缺點。

正因為將缺點當做缺點，所以沒有缺點。

由於將「不知知」的缺點，視為缺點，所以不出現這種有缺點的行為。也就是「知之為知之，不知為不知」，坦誠面對「知」與「不知」，如果「不知」便承認不知，因此而成為沒有缺點，亦即前述的「知不知，上」。

聖人不病，以其病病，是以不病。

聖人沒有缺點，就是因為將缺點當做缺點，所以沒有缺點。

這印證互為對照的兩方是無從切割的整體，雙方相互流通；亦即「病與不病」一體不可分，坦誠面對「病」的缺點，並且予以改善，不呆滯於「病」，而流動為「不病」的沒有缺點。

七十二章

不壓迫民眾，是否將被民眾厭棄？應如何落實「不壓迫民眾」？

民不畏威，則大威至。無狎其所居，無厭其所生。夫唯不厭，是以不厭。

「其」指民眾。「狎」：狹，指壓迫。「無厭其所生」、「夫唯不厭」的「厭」，學者通常認為都是「壓」，均指壓迫。「是以不厭」的「厭」指厭棄。

當民眾不畏懼上位者的威迫時，那麼嚴重的禍亂（例如：民眾造反革命），就將到來。不可壓迫民眾的生活，不可壓迫民眾的生路。只有不壓迫民眾，才不會被民眾厭棄。

以上是學者們通常的說解，或許在此也可了解為：「無厭其所生，夫唯不厭，是以不厭」三句的「厭」，均指厭棄。亦即上位者不厭棄民眾的存在，不與民眾對立，而是與民眾和諧共存；以愛護而非厭棄民眾的方式管理國家，也就不會被民眾厭棄。這是因為「厭棄與被厭棄」是不可切割的一體之兩面，因此厭棄民眾也就將被民眾厭棄；反之，如果不厭棄民眾也就不被民眾厭棄。

是以聖人自知不自見，自愛不自貴，故去彼取此。

「見」有二意：（一）通常學者認為是「現」，指表現；（二）看見。「自愛」即「自貴」，指看重自己。「彼」通常學者都認為指自見、自貴，「去彼」指不自見、不自貴。「此」通常學者都認為指自知、自愛，「取此」指擇取自知、自愛。

聖人了解自己具有上位者的身分，但不炫耀、不自我表現。看重並且愛護自己，但不自以為尊貴。所以捨去自我表現、自以為尊貴，擇取自知與自愛。

以上是學者們通常的說解，但是緊緊依循老子敘述的脈絡，則可了解「彼」指自知、自愛，「去彼」指不自知、不自愛；「取此」指不自見、不自貴。亦即「去彼取此」指不自知、不自愛以及不自見、不自貴，也就是聖人不執著於「自知、自見、自愛、自貴」。然而這並不意謂著拋棄自我的一切，並非成為頑空。三章曾說明，上位者與民眾共同組成國家之整體，雙方具有不可切割的整體性；故知聖人不執著於「自知、自見、自愛、自貴」，即是不執著於自己，而是兼顧「自己與民眾」。不僅僅「知、見、愛、貴」自己，也「知、見、愛、貴」民眾；不同於前述只「知、見、愛、貴」自己，不「知、見、愛、貴」民眾，以致狎迫民眾，使民眾「不畏威」的上位者。以此，則了解「見」即為看見之意。

簡言之，聖人具有與「道」相同的不執著特質，雖然重視自己，但不執著，而且同等重視民眾，兼顧「自己與民眾」的整體，施政合宜，也就不至於被民眾厭棄，亦即前述「是以不厭」。

七十三章

是否唯有勇往前衝，才可存活？天網恢恢，是否疏漏不嚴密？

勇於敢則殺，勇於不敢則活。

「敢」指剛強。「不敢」指柔。

勇於表現敢作敢為的剛強，則將喪生。勇於表現柔而不敢為，則可存活。

這顯然不同於常識，世人認為勇敢剛強則可存活，柔而不敢則受宰割而喪生。試想，如果觀察情勢，應該往前衝，那麼使用加法「勇於敢」固然為宜；然而人生並非永遠使用加法最好，老子和盤托出，指出常識未留意的另一面。亦即如果觀察情勢，應該暫停不往前衝，甚至應該後退，也就是以柔而不敢的減法為宜，那麼若仍採取「勇於敢」的固定行為模式，則將喪生；反之，若變通為「勇於不敢」的減法，則由於應對合宜而存活。

此外「勇於不敢」的敘述，揭示以柔而不敢的方式處理事務，也需要勇氣，必須不畏嘲笑譏諷，此勇氣並不亞於以勇敢剛強處理事務。

此兩者，或利或害。天之所惡，孰知其故？

「或」：有。「天」指自然。

這兩種勇的行動，一有利，一有害。自然所厭惡的，誰知其中的緣故？

然而上述的義理並不在於字面，並非指自然厭惡往前衝的「勇於敢」遂使之喪生；因為當情勢以往前衝為宜時，若採取「勇於敢」的對策，則將由於應對合宜而存活。所以自然是厭惡固執不變通，始終只以一種固定的行為模式應對各種不同情勢之人，將遭到自然厭惡而受害。不過，並非有一人格化的自然，對人們有所好惡，而是人們的應對合宜，也就是符合自然，則將存活；至於應對不合宜，也就是不符合自然，則將受害。

此外，更進一層而言，「此兩者」勇於敢以及勇於不敢，也都各自有利、有害。例如：「勇於敢」的舉動，運用在必須往前衝的情況，則「活」；但若運用在不可往前衝的情況，則「殺」。反之，「勇於不敢」的舉動，運用在必須往前衝的情況，則「殺」；但若運用在不可往前衝的情況，則「活」。換言之，沒有永遠的利，也沒有永遠的害，唯有適時變通，才不至於受害。

天之道，不爭而善勝，不言而善應，不召而自來，繟然而善謀。

「爭」有二意：（一）執著；（二）相爭。「繟」：寬緩，指不刻意謀劃。

自然法則的運作是不執著、不與萬物相爭，而善於獲勝，不言而善於回應，不召喚萬物而萬物自然來歸，寬緩、不刻意謀劃但卻善於謀劃。

然而上述的義理仍然不在於字面。八章曾說明「不爭」是不執著地立基於「不爭與爭」的整體，以整體待命，當爭則爭，不當爭則不爭。「天之道」即是以此法則運作，因此而「善勝」。

二章曾說明「不言」是立基「不言與言」的整體，以整體待命，當言則言，不當言則不言。「天之道」即是以此法則運作，因此而「善應」。

此外，二章曾說明互為對照的狀態是不可切割的整體。故知「不召」與互為對照的「召」

一體不可分，「天之道」即是立基「不召與召」的整體，以整體運作，因此萬物「自來」。

同理，「繟然」雖是寬緩、不刻意謀劃，但是它與互為對照的「謀劃」，無從切割。「天之道」即是立基「不謀與謀」的整體，以整體運作，因此記載為「善謀」。

天網恢恢，疏而不失。

「恢恢」指廣大。「疏」指不嚴密。

自然的網羅廣大，不嚴密但卻沒有遺漏。

這二句的義理也不僅止於字面。試想：既然沒有遺漏，那麼即為非常嚴密；亦即「疏」流轉變化為「不疏」，乃「疏而不疏」。這印證互為對照的兩方是無從切割的整體，雙方相互流通；亦即「疏」與「不疏」一體不可分，將流轉變化為不可切割的「不疏」。

天網「疏而不疏」的整體意涵，恰與前述天道以「不爭與爭、不言與言、不召與召、繟然（不謀）與謀」之整體運作，相互印證。此外，「不失」也揭示大道是不割裂的渾全整體，涵容廣大，無物在「道」之外。

七十四章

民眾為何不畏死？此一不符合自然的現象，與上位者是否有關？

民不畏死，奈何以死懼之？若使民常畏死，而為奇者，吾得執而殺之，孰敢？

「奇」：邪，指壞的行為。

如果民眾不畏懼死亡，如何可能以死亡來恐嚇他們？如果民眾畏懼死亡，而有人做了壞事，我可以抓住他並且處死，那麼誰還敢再做壞事？

這是指唯有人人安居樂業，方才可能告知民眾不可做壞事，否則將處死；因為此時人人生活美滿，自然看重生命並且畏懼死亡。反之，民眾若遭上位者壓迫，生活艱困，難以為繼，業已不看重生命，也不畏懼死亡，此時上位者也就不可能再以死亡威嚇民眾不可做壞事。

常有司殺者殺，夫代司殺者殺，是謂代大匠斲，夫代大匠斲者，希有不傷其手矣。

「司殺者」：殺生者，指自然法則。「大匠」指自然法則。「斲」：砍伐。「希」：稀。

天地間本有自然法則來執行殺生；上位者代替自然法則，殺害民眾，就是代替自然法則執行砍伐殺生。代替自然來執行殺生的人，很少有不砍傷自己手的。

在此回顧前述之「民不畏死」，這是一個不符合自然的現象；因為人人皆有求生存的強烈本能，人人都畏懼死亡。亦即「畏死」是自然，「不畏死」則非自然。此一非自然現象，彰顯必有一特殊因素，導致民眾呈現此一不畏死的非自然狀態。研讀全章便知：特殊因素即為上位者殺害民眾。

試想，冬季的嚴寒、夏季的酷熱、偶或出現的水災與旱災……等等，致使許多生物死去，它們都是自然的殺生者，是天地本有的自然運作，並非人類之刻意有為。但是上位者殺害民眾，則是刻意有為而非自然。就是因為上位者刻意殺害民眾的不符合自然之舉動，導致民眾不畏死的非自然現象。換言之，「上位者與民眾」雙方皆不符合自然的狀態，是不可切割的一體之兩面。

老子並且指出：刻意有為的殺生之舉，必將使上位者自取滅亡。這是由於「行為與回應」是一體的兩面，無從切割。總言之，本章不只一次的向讀者揭示「整體」義理。

七十五章

人民為何饑餓？難治？輕死？關鍵在於民眾抑或上位者？

民之饑，以其上食稅之多，是以饑。

「食稅」：上位者向民眾收取租稅以生活。

民眾之所以饑餓，是因上位者收取過多的租稅，所以饑餓。

這是指民眾與上位者是一體的兩面，上位者收取過多的租稅，飽食有餘，民眾則成為「飽食有餘」的反面——饑餓狀態。

民之難治，以其上之有為，是以難治。

民眾之所以難治，是因上位者有為，違反順應自然的無為法則，所以難治。

這是指上位者不順應自然，並且強力推行其意欲，對民眾造成嚴重壓迫；人民為求生存，不免陽奉陰違或鑽法律漏洞；上位者遂視民眾為刁民。以此雙方皆背離順應自然的無為法則，淪為惡性循環。亦即「作用力與反作用力」相應而生，上位者的行為與民眾的回應，一體不可分；上位者「有為」不順應自然，民眾也以「有為」不順應自然的舉止回報。

民之輕死，以其上求生之厚，是以輕死。

「輕死」指輕生，由於「生死」一體不可分，所以「輕死」也就是看輕生與死；亦即不僅輕死，同時也輕生。

民眾之所以看輕死亡，是因上位者自我奉養過於豐厚豪奢，所以輕死，也就是輕生。這是指上位者壓榨民眾，生活豪奢，卻使民眾的生活艱困，難以為繼。由於民眾並未在生活中感受到幸福喜悅，所以也就不看重生命。亦即民眾與上位者是一體的兩面，上位者「厚生」，民眾則成為「厚生」的反面——「輕生」狀態。

夫唯無以生為者，是賢於貴生。

「無以生為」指不因求「生」而刻意有為，亦即順應自然。「賢」有二意：（一）勝，指優於；（二）指達觀。「貴生」指前述「食稅之多、有為、求生之厚」，亦即為了「生」而有許多刻意求生的不順應自然舉動。

不刻意求生之人，優於刻意求生之人；或達觀於刻意求生之人。

民眾「饑餓、難治、輕死」的極端狀態，均源自上位者「食稅之多、有為、求生之厚」的過度、不順應自然的舉動。因此「無以生為」順應自然、不刻意求生，不僅較「貴生」刻意求生的有為，更為達觀；同時也不至於造成民眾「饑餓、難治、輕死」的狀態，所以勝過「貴生」。

本章與上一章相同，多次舉例，以揭示「上位者與民眾」是不可切割的一體之兩面。

七十六章

是否唯有堅強，有助於存活？柔弱是否必定對生命無益？

人之生也柔弱，其死也堅強；萬物草木之生也柔脆，其死也枯槁。故堅強者死之徒，柔弱者生之徒。

「徒」：類。

人在存活時，身體柔軟，但死亡後，身體變得僵硬。草木植物存活時，枝葉柔脆，但死亡後，變得枯槁堅硬。故知堅強屬於死亡這一類，柔弱屬於存活這一類。

通常世人認為堅強有助於存活，柔弱容易招致死亡；然而老子和盤托出，藉著人與草木為例，指出常識未留意的另一面：堅強與死亡繫連，柔弱與存活相連。

是以兵強則不勝。

軍隊強大，反而戰敗。

這顯然不同於常識的看法，通常人們都認為軍隊強大必定贏得勝利。但是歷史上卻也不乏軍隊恃強而驕，以致戰敗的例子，因此老子和盤托出，指出常識未留意的另一面。

木強則兵。

「兵」指砍伐。

樹木高大強壯，反而招來砍伐。

通常人們都認為唯有強壯才可自我保護，有助於存活；但是老子仍然和盤托出，指出常識未留意的另一面：樹木壯碩，引人注意，遂招致砍伐而死亡。

強大處下，柔弱處上。

「處」：居。「下」指劣勢。「上」指優勢。

強大的居於劣勢，柔弱的居於優勢。

這也與常識的看法不同，通常人們都認為強大占優勢，柔弱居劣勢；但是老子仍然和盤托出，藉著「兵強則不勝，木強則兵」為例，指出常識未留意的另一面，使讀者察見完整的全貌。

本章記載常識未留意的另一面：「柔」趨向存活，處於優勢；「強」趨向死亡，處於劣勢。然而若併觀「雞蛋碰石頭」——「強」存活，處於優勢；「柔」毀壞，處於劣勢。則立即明瞭「柔」或生或死，或處優勢或處劣勢；「強」亦是或生或死，或處優勢或處劣勢。換言之，觀察完整的全貌，則知無論「柔」或「強」都不宜執著，而應與「道」同步，以「道」不執著的流動特質，因應情勢，採取恰到好處的相應對策，方可使生活平順。

七十七章

如何使人間的運作，如同自然一般的均衡和諧？

天之道，其猶張弓與！高者抑之，下者舉之；有餘者損之，不足者補之。天之道，損有餘而補不足。

「張弓」：將紘扣在弓上。「與」：歟，感嘆詞。「餘」指多。

自然的運作，如同將紘扣在弓上一樣吧！紘位高了，就把它壓低；紘位低了，就把它升高；紘太長了，就把它剪短；紘不夠長，就把它加長。自然的運作是將多餘的減少，以增補不足。

這是指將紘安放在弓上，紘位的高低以及紘的長短，都必須恰到好處。自然的運作亦是如此，總是處於平衡與和諧的狀態。

本章藉著「張弓」為例，說明「道」去極端、取中庸的運作方式，表現於萬物，至於萬物也都呈現「道」的此一運作方式。

人之道，則不然，損不足以奉有餘。孰能有餘以奉天下？唯有道者。是以聖人為而不恃，功成而不處，其不欲見賢。

「奉」：送。「見」：現，指表現。

人間的運作卻不是如此，而是壓榨業已不足之人，去送給已經擁有過多之人。誰能將過多的，去送給天下人呢？只有悟道的人，才做得到。因此聖人有所行動，但不自以為了不起；將事情處理成功了，但不居功；無意表現自己的能力。

自然的運作，均衡和諧，無所偏頗。但是人性卻總是偏頗的走向極端，並且執著一隅，以致人間社會總是呈現不平衡也不和諧的狀態。此時，唯有援引「道」不執著的特質，適時流動，靈活而不僵化，以修正人性的偏頗與執著。聖人不同於大眾，不執著成功、賢能，即是與「道」同步，去極端、取中庸，行止如同天道，呈現恰如其分的和諧狀態。

七十八章

何謂正言若反？柔弱勝剛強，是敘述事實之「正言」抑或反諷？

天下莫柔弱於水，而攻堅強者莫之能勝，以其無以易之。

「以其」：因為它。「無以」：不能。「易」：改變、取代。

天下之物，沒有比水更柔弱的，然而攻擊堅強之物，卻沒有能夠勝過水的。因為它無法被改變、取代。

這是指水具有強大的能量，例如水滴石穿，又例如山洪暴發，沖毀人類建築的堅固房屋與橋樑。然而，水既然可以穿透巨石、沖毀橋樑房舍，那麼便知水雖然柔弱，但卻必定涵藏剛強，所以才有可能「攻堅強」。換言之，不宜僅以文字字面來了解水之柔弱，實則水之柔弱涵藏剛強，它是「柔弱與剛強」混融的整體。

水是「柔弱涵藏剛強」的整體性存在，此項整體性的真實，不可能被改變，也不可能被另一「非整體性」的狀態所取代；亦即不可能被「柔弱」、「剛強」予以切割而各自獨立的「非整體性」的狀態所取代。所以本章記載為「無以易之」。

弱之勝強，柔之勝剛，天下莫不知，莫能行。

以水為例，即知柔弱可以勝過剛強，但是雖然人人皆知，卻沒有人願意適時將柔弱落實於行為中。

這是指世人執著於剛強，縱然時機顯示以柔弱為宜，仍難以隨機應變，無法適時調整行為。

是以聖人云，受國之垢，是謂社稷主；受國不祥，是謂天下王。正言若反。

「受」指承擔。「垢」指屈辱。「社稷」指國家。「不祥」指災難。

聖人說：能承擔全國的屈辱，方為國家之主；能承擔全國的災難，方為天下的王者。這是正言，然而世人卻以為這是反言、是譏諷之言。

通常世人只見國君尊榮高貴的一面，卻不知國君必須全面承擔國家運作，無論好、壞、成、敗之所有結果。亦即通常世人僅持片面之見；但是老子和盤托出，指出常識未留意的另一面，也就是陳述完整的全貌。以此，老子何嘗不是說出「正言」？只不過世人未留意，遂以為是反面譏刺之言。

此外，上述「弱之勝強，柔之勝剛」也是正言，指出常識未留意的另一面，並非反言。

七十九章

誰將招來仇怨？誰將獲得協助？是給予者抑或索取者？

和大怨，必有餘怨，安可以為善？

「和」：調和、調解。「安」：疑問語。

重大的怨恨，雖然經過調解，但是必定仍有殘餘的仇恨，這哪裡算是好的辦法？這是指一旦與他人結下仇怨，縱然事後調解，必有餘怨殘存，所以最好的辦法是勿結怨。

是以聖人執左契，而不責於人。有德司契，無德司徹。

「契」：券契，也就是契約，剖分為左右兩半，債權人及債務人各持一半。「左契」：

契約的左半邊，有學者認為是債務人所持，也有學者認為是債權人所持。「責」：責求，指索取。「有德」指聖人，悟道者。「司」：掌管。「無德」指不具有「道」的智慧者。「徹」：周代賦稅的名稱，百畝抽十畝做為稅賦。

聖人拿著左契，只是給予而不向對方索取。有德之人，拿著左契，只是給予。無德之人，如同掌管稅收，一逕的向他人索取。

聖人與有德的悟道者，與他人相處，總是如同拿著左契。左契如果是債務人所持，那麼悟道者總是等對方來索取，總是給予對方；左契如果是債權人所持，那麼悟道者雖可向債務人要求償還，但卻不要求對方，亦即總是給予而不向對方索取。

環顧社會大眾通常喜愛索取，認為對自己有益；不樂意給予，認為對自己無益。但是聖人與有德的悟道者，依循「道」不執著的流動特質，不同於大眾，不執著索取，而且流動為給予。以給予的方式與他人相處，那麼自然不至於與他人結怨；因此，看起來似乎因為一再的給予而有所減損，但是不結怨，則是有益，故為「損之而益」（四十二章）。

無德無智慧之人，總是向他人索取，過度執著，不符合「道」不執著的流動本質，如此必將結下仇怨，縱然經過調解，也仍然有餘怨殘存，對其自身並無益處，亦即前述「和大怨，必有餘怨」。換言之，雖然看起來似乎因為一再的索取，而有增益，但是結下仇怨，則是折損，故為「益之而損」（四十二章）。

天道無親，常與善人。

「無親」指無私。「與」：幫助。「善人」指聖人與有德之人，亦即悟道者。

自然的運作無所偏私，但卻總是幫助善人。

天道的運作，一視同仁，無所偏私，這是「無親」；但卻總是幫助悟道者，也就是「親」於悟道者；以此可見天道由「無親」流動為「親」，天道的運作是「無親而親」，具有不執著的流動特質。不過，並非有一人格化的天道幫助悟道者，而是悟道者不與人結怨，行為符合天道；亦即悟道者業已實踐不與人結怨的「自助」，而後遂獲得「天助」。換言之，善人與「道」同步，行為符合「道」不執著的特質，所以獲得他人眼中的好結果，然而並非天道有「私」，而是行為符合天道的自然結果。

八十章

理想國民眾的生活，建立在「反文明」抑或「整體」智慧的基礎？

小國寡民。

國土不大，人民不多。

本章向來被認為是老子描繪的理想國度；然而，此一理想國是否果真地小人少？老子是否排斥大國？由六十章「治大國，若烹小鮮」，便可了解老子並不排斥大國；亦即本章並非眼界、格局窄小，亦非僅僅將理想寄託於小國寡民。或許，治理九千萬平方公里，九十億人口的大國，「若烹小鮮」一般，依循無為法則，順應民眾的自然天性，施政流暢平順，如同治理小國寡民，則為如假包換的理想國。

使有什伯之器而不用，使民重死而不遠徙。雖有舟輿，無所

乘之。

「什伯之器」有二意：（一）十倍、百倍於人工的器具機械；（二）兵器。「不用」指節制使用，其意涵不在於字面，並非絕不使用。「重死」指重生，由於「生死」一體不可分，所以「重死」也就是看重生與死；亦即不僅重死，同時也重生。「輿」指車輛。「無所乘之」指不執著於一定要乘坐，其意涵不在於字面，並非絕不乘坐。

即使有各種器具機械（或兵器），但是使用的狀況是知所節制，適可而止。使人民看重生命而不遠走異鄉。雖有舟車，也不執著於一定要乘坐前往遠方。

生活中沒有任何一事，只有光明面而無晦暗面。器具機械的效率，雖然超越人工徒手製作十倍、百倍以上，但是高效率是否只有光明面呢？例如電腦，若運用電腦處理文書業務，效率遠遠高於手工抄寫，誠然為人們的生活帶來極大的便利性；但是，注視電腦，卻對人們的眼睛健康與視力造成負面影響。故知器具機械也具有一體的兩面性質。老子和盤托出，指出常識未留意的另一面，其意涵並非只是字面的反器具機械而已。換言之，「不用」的意涵並不在於字面，並非絕不使用，而是明瞭器具機械一體兩面的性質，因此不執著使用，並且有所節制的適可而止，以降低負面影響。

「重死」即重生，也就是生活安適，人人熱愛生命，看重生命，自然將死亡視為是極其重大之事。所以「重死」表示理想國的民眾生活康泰，所以雖然有舟車，也不執著於一定要乘坐前往遠方。亦即「不乘」的意涵並不在於字面，並非絕不乘坐舟車，而是藉著「不遠徙、不乘」彰顯「重生」。亦即「不遠徙、不乘」與「重生」是一體的兩面，也就是理想國民眾「重生」的態度，表現在他們「不遠徙，雖有舟輿，無所乘之」的行為中。

雖有甲兵，無所陳之。

「甲兵」：鎧甲、兵器。

雖有兵器，也不需要陳列。

這是指理想國內沒有戰爭，與其他國家也不發生戰爭，所以雖有兵器，也無須刻意陳列。換言之，「不陳列兵器」與「無戰爭」是一體的兩面。

使民復結繩而用之。

使民眾回復使用結繩紀事的生活習慣。這顯示理想國雖有文字，但不執著於使用。試問：為何不執著於使用？這是否意謂著老子反文明呢？或許在此可由兩個面向來觀察：

（一）三十二章曾說明：人類使用文字，為萬物創設各自分立的不同名稱，因此不免使人們產生一種錯覺，誤以為各自分立的名稱也就表示萬物可以切割、各自獨立。實則，人類賦予萬物各自分立的不同名稱，只是方便指稱，並不表示萬物可以切割、各自獨立，萬物都是天地整體中的一分子。所以，運用文字創設各種名稱，反而使人們忽略了萬物不可切割的整體本質。

（二）一章曾說明：人類創設文字以指向「真實」。然而「真實」從未停止改變，文字卻只是一項固定、而且並不隨著「真實」同步改變的媒介而已。例如「粉紅玫瑰」的文字描述，雖使人們了解這朵玫瑰花的色澤，但是「真實」的粉紅玫瑰，並非永遠停駐在此色澤，它必將變化為凋萎枯敗，不再具有此一色澤。所以，運用文字描述「真實」，反而因為文字的固定性，使得人們忽略了「真實」不斷變化的本質。

由此可知，老子揭示理想國雖有文字，但不執著使用，是提醒讀者文字亦如同器具機械，也具有一體的兩面性質。老子仍然是和盤托出，指出常識未留意的另一面，其意涵並非字面的反文明而已。換言之，「不用文字」的意涵並不在於字面，而是明瞭文字一體兩面的性質，因此不執著使用，並且有所節制的適可而止，以降低負面影響。也就是三十二章「始制有名，名亦既有，夫亦將知止，知止所以不殆。」

甘其食，美其服，安其居，樂其俗。

覺得食物甘甜，服裝美好，居處安適，對習俗感到滿意。

這是指對於生活中的一切，非但不抱怨，而且感到滿意。之所以如此，必然是生活諸事皆安頓平穩，亦即業已實踐自我安頓。否則，如果未能自我安頓，不喜愛自己，對生活不滿意，那麼縱然錦衣玉食，仍然是食不知味，睡不安枕，抱怨連連。

鄰國相望，雞犬之聲相聞，民至老死不相往來。

與鄰近的其他國家，可相互看見彼此，雞鳴狗吠的聲音也都互相聽得到，人民生活直到老死，卻不相互來往。

「不相往來」的意涵不在於字面。如果老子的意涵只在於字面，那麼豈不意謂著理想國內的居民，絕不前往與之接壤，不過百步之外的鄰國，而且百步之外的鄰國居民也絕不踏入理想國一步。這是否可能呢？試想，稚齡幼童四處玩耍，雞犬於農業社會則為放養狀態，那麼兩國的幼童與雞犬，互相進入對方的國境，必為常有之事，因此不免偶有對方居民前來尋找，或前往對方居住區域尋找的時刻，如此，怎可能終其一生不相往來？故知「不相往來」的意涵並不在於字面。

二章曾說明互為對照的狀態，具有無從切割的關連性，故知「不往來」未曾遠離「往來」；或許老子是指出民眾往來，卻如同不往來一般單純安祥。畢竟人與人之間的相處不易，常生糾葛是非；所以如果往來，卻如同不往來，不生糾葛是非，而是單純平和，誠然為最高境界的理想國。

此外，也可由另一面向來了解：理想國的民眾秉持「道」的智慧，明瞭萬物並存於天地之間，本是無從切割的整體。亦即自己與他人，本國與它國都是不可切割的整體，並無「人／我」之別，因此雖然與他人往來相處，但是不分彼此，一如與自己相處，而不認為是與他人相往來，故記載為「不相往來」。

以上關於理想國的說明，與學者們的通常解釋，不盡相同。這是因為本書並不停留在文字字面，而且依循「道」不執著的本質以及渾全不割裂的整體性質，進行闡釋。試想：如果僅僅停留在看似封閉、窄狹的文字字面，那麼，豈不是與全書處處透顯老子大度寬闊、胸懷整體的生命智慧，大相扞格？因此，以上說明是否悖離抑或相應於老子義理，即留予讀者思考。

八十一章

表象與實質，是否必然吻合？給予他人，是否必將使擁有減少？

信言不美，美言不信。

「信」：真實。「信言」指真實之言。「美」指悅耳。「美言」指悅耳之言。

真實之言，不必然悅耳。悅耳之言，不必然真實。

這恰巧與世人的感受相反，通常世人聽聞符合己意之言，覺得悅耳，遂相信為真實。然而老子和盤托出，指出常識未留意的另一面，亦即符合己意之言，雖然令自己歡悅，但它不必然是真實，故為「美言不信」。至於真實之言，則可能令人歡喜，但也可能不令人歡喜，故為「不美」不必然悅耳。簡言之，「信」（真實）或美或不美，具有一體兩面的性質。「美」或信（真實）或不信（不真實），也具有一體兩面的性質。

老子揭示：外在的表象與內在的實質，未必相符；所以我們必須穿過表象，察知內在的實質，不可僅只停留於表象。也就是察見完整的全貌，不可呆滯一隅。

善者不辯，辯者不善。

「辯」：言語流利，指善於言談。「不辯」：訥言，指不善言談。

善人不必然善於言談，善於言談者不必然是善人。

這也與世人的感受相反，因為善於言談者較易獲得大眾好感，所以大眾也就認為他是善人。但是老子仍然和盤托出，指出常識未留意的另一面，亦即「辯者不善」善於言談者不必然是善人。至於善人則可能言談流利，但也可能訥言，故為不必然善於言談的「不辯」。

簡言之，「善」或辯（言語流利）或不辯（言語不流利），具有一體兩面的性質。「辯」或善或不善，也具有一體兩面的性質。此外，這兩句敘述與前兩句相同，也揭示外在的表象與內在的實質，未必相符。

知者不博，博者不知。

「知」指智慧。

有智慧之人，不必然博知萬事萬物。博知萬事萬物之人，不必然有智慧。但這顯然不同於常識，世人通常認為博知萬事萬物之人，必定有智慧。但是老子依然指出常識未留意的另一面，亦即博知萬事萬物之人，如果僅知事物的表象而未掌握理則，那麼僅知表象不知理則，豈可稱為有智慧，所以是「博者不知」。至於有智慧之人則可能博學，但也可能並非博學，然而由於掌握理則，故可由理則推知，因此是不必然博知萬事萬物的「不博」。

簡言之，「知」（智慧）或博或不博，具有一體兩面的性質。「博」或知（智慧）或不知（無智慧），也具有一體兩面的性質。此外，這兩句敘述與前四句相同，也揭示表象與實質，未必相符。

聖人不積，既以為人，己愈有；既以與人，己愈多。

「既」：盡。「為」：助。「與」：予。

聖人不屯積物質，盡己之所有幫助他人，自己反而更加擁有。盡己之所有給予他人，自己反而擁有更多。

七十九章曾說明大眾通常喜愛索取，認為對自己有益；不樂意給予，認為對自己無益。但是聖人依循「道」不執著的流動特質，不同於大眾，不執著索取，而且流動為給予。本章之聖人亦同，而且本章之記載再次印證：互為對照的兩方是無從切割的整體，雙方相互流通。亦即盡己之所有幫助他人、給予他人，則自己的所有雖然減少，成為「無、少」，但是「無與有」、「少與多」無從切割，「無、少」將向不可切割的「有、多」流轉變化，而成為「己愈有，己愈多」，也就是二章記載之「有無相生」。

天之道，利而不害。

自然法則是對萬物有利，而不傷害萬物。

在本質上，自然的運作對萬物並無利害可言，而是無利無害；然而，由於萬物皆順應天道之運作，因此對萬物而言，也就是有利而無害，故描述為「利而不害」。

聖人之道，為而不爭。

「為」指上文之「不積，既以為人，既以與人」。「爭」有二意：（一）執著；（二）相爭。

聖人的法則是不屯積物質，盡己之所有幫助他人，盡己之所有給予他人，而不執著、不與人相爭。

聖人胸懷整體，不執著於僅僅為自己設想，亦即不爭。照顧他人，即為照顧整體，而自己也在整體之內，因此如同照顧了自己，所以獲得「己愈有，己愈多」的成果。

〈附錄〉

主要參考書目

《老子》魏．王弼注，一九九一年，臺北：金楓出版社

《道德真經》河上公注，一九九三年，上海：上海古籍出版社

《老子義疏》唐．成玄英疏，一九七四年，臺北：廣文書局

《老子翼》明．焦竑，一九六五年，臺北：廣文書局

《老子衍》清．王夫之，一九八八年，北京：中華書局

《老子章義》清．姚鼐，一九七五年，臺北：廣文書局

《老子本義》清．魏源，一九八〇年，臺北：漢京文化公司

《評點老子道德經》嚴復，一九九八年，臺北：廣文書局

《帛書老子校注》高明，一九九六年，北京：中華書局

《智慧的老子》張起鈞，二〇〇二年，臺北：東大圖書公司

《老子達解》嚴靈峰，二〇〇八年，臺北：華正書局
《老子今註今譯》陳鼓應，一九七〇年，臺北：臺灣商務印書館
《老莊新論》陳鼓應，一九九三年，臺北：五南圖書公司
《新譯老子讀本》余培林，一九七五年，臺北：三民書局
《老子》余培林，一九八七年，臺北：時報文化公司
《老子的哲學》王邦雄，一九八〇年，臺北：東大圖書公司
《傅佩榮解讀老子》傅佩榮，二〇〇七年，臺北：立緒文化公司
《老子的智慧》日・稻田孝著，陳宏政譯，一九八九年，臺北：新潮社文化公司
《南華真經》晉・郭象注，唐・成玄英疏，一九九三年，上海：上海古籍出版社
《淮南鴻烈集解》劉文典，一九九二年，臺北：文史哲出版社
《王弼集校釋》樓宇烈，一九九二年，臺北：華正書局
《中國哲學史》馮友蘭，一九八九年，臺北：藍燈文化公司
《中國哲學原論》唐君毅，一九八〇年，香港：新亞研究所
《中國哲學史》勞思光，一九八一年，臺北：三民書局

國家圖書館出版品預行編目資料

老子——為你排難解憂 / 王小滕著. -- 初版. -- 臺北市：商周，城邦文化出版：家庭傳媒城邦分公司發行，2017.09
面； 公分

ISBN 978-986-477-316-9（平裝）

1.老子 2.注釋

121.311 106015073

老子——為你排難解憂

作　　者／王小滕
責任編輯／程鳳儀

版　　權／林心紅、翁靜如
行銷業務／林秀津、王瑜
總 經 理／彭之琬
發 行 人／何飛鵬

法律顧問／元禾法律事務所 王子文律師
出　　版／商周出版
台北市中山區民生東路二段 141 號 4 樓
電話：(02) 2500-7008 傳真：(02) 2500-7759
E-mail：bwp.service@cite.com.tw
Blog：http://bwp25007008.pixnet.net/blog
發　　行／英屬蓋曼群島商家庭傳媒股份有限公司城邦分公司
台北市中山區民生東路二段 141 號 2 樓
書虫客服服務專線：(02)2500-7718・(02)2500-7719
24 小時傳真服務：(02)2500-1990・(02)2500-1991
服務時間：週一至週五 09:30-12:00・13:30-17:00
郵撥帳號：19863813 戶名：書虫股份有限公司
讀者服務信箱 E-mail：service@readingclub.com.tw
歡迎光臨城邦讀書花園 網址：www.cite.com.tw
香港發行所／城邦（香港）出版集團有限公司
香港灣仔駱克道 193 號東超商業中心 1 樓
Email：hkcite@biznetvigator.com
電話：(852)2508-6231 傳真：(852)2578-9337
馬新發行所／城邦 (馬新) 出版集團 【Cite (M) Sdn. Bhd.】
41, Jalan Radin Anum, Bandar Baru Sri Petaling,
57000 Kuala Lumpur, Malaysia
電話：(603)90578822 傳真：(603)90576622
Email：cite@cite.com.my

封面設計／ A+ DESIGN
電腦排版／唯翔工作室
印　　刷／韋懋印刷事業有限公司
總 經 銷／聯合發行股份有限公司 電話：(02)2917-8022 傳真：(02)2911-0053
地址：新北市 231 新店區寶橋路 235 巷 6 弄 6 號 2 樓

■ 2017 年 09 月 7 日初版
■ 2018 年 04 月 27 日初版 2.3 刷
Printed in Taiwan

定價／ 360 元
ISBN 978-986-477-316-9

城邦讀書花園
www.cite.com.tw